心一堂術數古籍珍本叢刊

書名：《山洋指迷》足本兩種　附《尋龍歌》（上）
系列：心一堂術數古籍珍本叢刊　堪輿類　第二輯　185
作者：【明】周景一
主編、責任編輯：陳劍聰
心一堂術數古籍珍本叢刊編校小組：陳劍聰　素聞　梁松盛　鄒偉才　虛白盧主

出版：心一堂有限公司
通訊地址：香港九龍旺角彌敦道六一〇號荷李活商業中心十八樓〇五—〇六室
深港讀者服務中心・中國深圳市羅湖區立新路六號羅湖商業大廈負一層〇〇八室
電話號碼：(852)67150840
網址：publish.sunyata.cc
電郵：sunyatabook@gmail.com
網店：http://book.sunyata.cc
淘寶店地址：https://shop210782774.taobao.com
微店地址：https://weidian.com/s/1212826297
臉書：https://www.facebook.com/sunyatabook
讀者論壇：http://bbs.sunyata.cc/

版次：二零一七年四月初版
平裝：兩冊不分售

定價：港幣　五百八十元正
　　　新台幣　二千二百八十元正

國際書號：ISBN 978-988-8317-53-0

香港發行：香港聯合書刊物流有限公司
地址：香港新界大埔汀麗路36號中華商務印刷大廈3樓
電話號碼：(852)2150-2100
傳真號碼：(852)2407-3062
電郵：info@suplogistics.com.hk

台灣發行：秀威資訊科技股份有限公司
地址：台灣台北市內湖區瑞光路七十六巷六十五號一樓
電話號碼：+886-2-2796-3638
傳真號碼：+886-2-2796-1377
網絡書店：www.bodbooks.com.tw
台灣國家書店讀者服務中心：
地址：台灣台北市中山區松江路二〇九號一樓
電話號碼：+886-2-2518-0207
傳真號碼：+886-2-2518-0778
網絡書店：http://www.govbooks.com.tw

中國大陸發行　零售：深圳心一堂文化傳播有限公司
深圳地址：深圳市羅湖區立新路六號羅湖商業大廈負一層〇〇八室
電話號碼：(86)0755-82224934

心一堂微店二維碼

心一堂淘寶店二維碼

心一堂術數古籍 珍本整理 叢刊 總序

術數定義

術數，大概可謂以「推算（推演）、預測人（個人、群體、國家等）、事、物、自然現象、時間、空間方位等規律及氣數，並或通過種種『方術』，從而達致趨吉避凶或某種特定目的」之知識體系和方法。

術數類別

我國術數的內容類別，歷代不盡相同，例如《漢書・藝文志》中載，漢代術數有六類：天文、曆譜、五行、蓍龜、雜占、形法。至清代《四庫全書》，術數類則有：數學、占候、相宅相墓、占卜、命書、相書、陰陽五行、雜技術等，其他如《後漢書・方術部》、《藝文類聚・方術部》、《太平御覽・方術部》等，對於術數的分類，皆有差異。古代多把天文、曆譜、及部分數學均歸入術數類，而民間流行亦視傳統醫學作為術數的一環；此外，有些術數與宗教中的方術亦往往難以分開。現代民間則常將各種術數歸納為五大類別：命、卜、相、醫、山，通稱「五術」。

本叢刊在《四庫全書》的分類基礎上，將術數分為九大類別：占筮、星命、相術、堪輿、選擇、三式、讖諱、理數（陰陽五行）、雜術（其他）。而未收天文、曆譜、算術、宗教方術、醫學。

術數思想與發展——從術到學，乃至合道

我國術數是由上古的占星、卜筮、形法等術發展下來的。其中卜筮之術，是歷經夏商周三代而通過「龜卜、蓍筮」得出卜（筮）辭的一種預測（吉凶成敗）術，之後歸納並結集成書，此即現傳之《易

經》。經過春秋戰國至秦漢之際，受到當時諸子百家的影響、儒家的推崇，遂有《易傳》等的出現，原本是卜筮術書的《易經》，被提升及解讀成有包涵「天地之道（理）」之學。因此，《易・繫辭傳》曰：「易與天地準，故能彌綸天地之道。」

漢代以後，易學中的陰陽學說，與五行、九宮、干支、氣運、災變、律曆、卦氣、讖緯、天人感應說等相結合，形成易學中象數系統。而其他原與《易經》本來沒有關係的術數，如占星、形法、選擇，亦漸漸以易理（象數學說）為依歸。《四庫全書・易類小序》云：「術數之興，多在秦漢以後。要其旨，不出乎陰陽五行，生尅制化。實皆《易》之支派，傅以雜說耳。」至此，術數可謂已由「術」發展成「學」。

及至宋代，術數理論與理學中的河圖洛書、太極圖、邵雍先天之學及皇極經世等學說給合，通過術數以演繹理學中「天地中有一太極，萬物中各有一太極」（《朱子語類》）的思想。術數理論不單已發展至十分成熟，而且也從其學理中衍生一些新的方法或理論，如《梅花易數》、《河洛理數》等。

在傳統上，術數功能往往不止於僅僅作為趨吉避凶的方術，及「能彌綸天地之道」的學問，亦有其「修心養性」的功能，「與道合一」（修道）的內涵。《素問・上古天真論》：「上古之人，其知道者，法於陰陽，和於術數。」數之意義，不單是外在的算數、歷數、氣數，而是與理學中同等的「道」、「理」--心性的功能，北宋理氣家邵雍對此多有發揮：「聖人之心，是亦數也」、「萬化萬事生乎心」、「心為太極」。《觀物外篇》：「先天之學，心法也。……蓋天地萬物之理，盡在其中矣，心一而不分，則能應萬物。」反過來說，宋代的術數理論，受到當時理學、佛道及宋易影響，認為心性本質上是等同天地之太極。天地萬物氣數規律，能通過內觀自心而有所感知，即是內心也已具備有術數的推演及預測、感知能力；相傳是邵雍所創之《梅花易數》，便是在這樣的背景下誕生。

《易・文言傳》已有「積善之家，必有餘慶；積不善之家，必有餘殃」之說，至漢代流行的災變說及讖緯說，我國數千年來都認為天災，異常天象（自然現象），皆與一國或一地的施政者失德有關；下至家族、個人之盛衰，也都與一族一人之德行修養有關。因此，我國術數中除了吉凶盛衰理數之外，人心的德行修養，也是趨吉避凶的一個關鍵因素。

術數與宗教、修道

在這種思想之下，我國術數不單只是附屬於巫術或宗教行為的方術，又往往是一種宗教的修煉手段--通過術數，以知陰陽，乃至合陰陽（道）。「其知道者，法於陰陽，和於術數。」例如，「奇門遁甲」術中，即分為「術奇門」與「法奇門」兩大類。「法奇門」中有大量道教中符籙、手印、存想、內煉的內容，是道教內丹外法的一種重要外法修煉體系。甚至在雷法一系的修煉上，亦大量應用了術數內容。此外，相術、堪輿術中也有修煉望氣（氣的形狀、顏色）的方法；堪輿家除了選擇陰陽宅之吉凶外，也有道教中選擇適合修道環境（法、財、侶、地中的地）的方法，以至通過堪輿術觀察天地山川陰陽之氣，亦成為領悟陰陽金丹大道的一途。

易學體系以外的術數與的少數民族的術數

我國術數中，也有不用或不全用易理作為其理論依據的，如揚雄的《太玄》、司馬光的《潛虛》。也有一些占卜法、雜術不屬於《易經》系統，不過對後世影響較少而已。

外來宗教及少數民族中也有不少雖受漢文化影響（如陰陽、五行、二十八宿等學說。）但仍自成系統的術數，如古代的西夏、突厥、吐魯番等占卜及星占術，藏族中有多種藏傳佛教占卜術、苯教占卜術、擇吉術、推命術、相術等；北方少數民族有薩滿教占卜術；不少少數民族如水族、白族、布朗族、佤族、彝族、苗族等，皆有占雞（卦）草卜、雞蛋卜等術，納西族的占星術、占卜術，彝族畢摩的推命術、占卜術……等等，都是屬於《易經》體系以外的術數。相對上，外國傳入的術數以及其理論，對我國術數影響更大。

曆法、推步術與外來術數的影響

我國的術數與曆法的關係非常緊密。早期的術數中，很多是利用星宿或星宿組合的位置（如某星在某州或某宮某度）付予某種吉凶意義，并據之以推演，例如歲星（木星）、月將（某月太陽所躔之宮次）等。不過，由於不同的古代曆法推步的誤差及歲差的問題，若干年後，其術數所用之星辰的位置，已與真實星辰的位置不一樣了；此如歲星（木星），早期的曆法及術數以十二年為一周期（以應地支），與木星真實周期十一點八六年，每幾十年便錯一宮。後來術家又設一「太歲」的假想星體來解決，是歲星運行的相反，週期亦剛好是十二年。而術數中的神煞，很多即是根據太歲的位置而定。又如六壬術中的「月將」，原是立春節氣後太陽躔娵訾之次而稱作「登明亥將」，至宋代，因歲差的關係，要到雨水節氣後太陽才躔娵訾之次，當時沈括提出了修正，但明清時六壬術中「月將」仍然沿用宋代沈括修正的起法沒有再修正。

由於以真實星象周期的推步術是非常繁複，而且古代星象推步術本身亦有不少誤差，大多數術數除依曆書保留了太陽（節氣）、太陰（月相）的簡單宮次計算外，漸漸形成根據干支、日月等的各自起例，以起出其他具有不同含義的眾多假想星象及神煞系統。唐宋以後，我國絕大部分術數都主要沿用這一系統，也出現了不少完全脫離真實星象的術數，如《子平術》、《紫微斗數》、《鐵版神數》等。後來就連一些利用真實星辰位置的術數，如《七政四餘術》及選擇法中的《天星選擇》，也已與假想星象及神煞混合而使用了。

隨着古代外國曆（推步）、術數的傳入，如唐代傳入的印度曆法及術數，元代傳入的回回曆等，其中我國占星術便吸收了印度占星術中羅睺星、計都星等而形成四餘星，又通過阿拉伯占星術而吸收了其中來自希臘、巴比倫占星術的黃道十二宮、四大（四元素）學說（地、水、火、風），並與我國傳統的二十八宿、五行說、神煞系統並存而形成《七政四餘術》。此外，一些術數中的北斗星名，不用我國傳統的星名：天樞、天璇、天璣、天權、玉衡、開陽、搖光，而是使用來自印度梵文所譯的：貪狼、巨門、祿存、文曲，廉貞、武曲、破軍等，此明顯是受到唐代從印度傳入的曆法及占星術所影響。如星命術中的《紫微斗數》及堪輿術中的《撼龍經》等文獻中，其星皆用印度譯名。及至清初《時憲曆》，置閏之法則改用西法「定氣」。清代以後的術數，又作過不少的調整。

此外，我國相術中的面相術、手相術，唐宋之際受印度相術影響頗大，至民國初年，又通過翻譯歐西、日本的相術書籍而大量吸收歐西相術的內容，形成了現代我國坊間流行的新式相術。

陰陽學——術數在古代、官方管理及外國的影響

術數在古代社會中一直扮演着一個非常重要的角色，影響層面不單只是某一階層、某一職業、某一年齡的人，而是上自帝王，下至普通百姓，從出生到死亡，不論是生活上的小事如洗髮、出行等，大事如建房、入伙、出兵等，從個人、家族以至國家，從天文、氣象、地理到人事、軍事，從民俗、學術到宗教，都離不開術數的應用。我國最晚在唐代開始，已把以上術數之學，稱作陰陽（學），行術數者稱陰陽人。（敦煌文書、斯四三二七唐《師師漫語話》：「以下說陰陽人謾語話」，此說法後來傳入日本，今日本人稱行術數者為「陰陽師」）。一直到了清末，欽天監中負責陰陽術數的官員中，以及民間術數之士，仍名陰陽生。

古代政府的中欽天監（司天監），除了負責天文、曆法、輿地之外，亦精通其他如星占、選擇、堪輿等術數，除在皇室人員及朝庭中應用外，也定期頒行日書、修定術數，使民間對於天文、日曆用事吉凶及使用其他術數時，有所依從。

我國古代政府對官方及民間陰陽學及陰陽官員，從其內容、人員的選拔、培訓、認證、考核、律法監管等，都有制度。至明清兩代，其制度更為完善、嚴格。

宋代官學之中，課程中已有陰陽學及其考試的內容。（宋徽宗崇寧三年〔一一零四年〕崇寧算學令：「諸學生習……並曆算、三式、天文書。」「諸試……三式即射覆及預占三日陰陽風雨。天文即預

定一月或一季分野災祥，並以依經備草合問為通。」

金代司天臺，從民間「草澤人」（即民間習術數人士）考試選拔：「其試之制，以《宣明曆》試推步，及《婚書》、《地理新書》試合婚、安葬，並《易》筮法，六壬課、三命、五星之術。」（《金史》卷五十一・志第三十二・選舉一）

元代為進一步加強官方陰陽學對民間的影響、管理、控制及培育，除沿襲宋代、金代在司天監掌管陰陽學及中央的官學陰陽學課程之外，更在地方上增設陰陽學課程（《元史・選舉志一》：「世祖至元二十八年夏六月始置諸路陰陽學。」）地方上也設陰陽學教授員，培育及管轄地方陰陽人。（《元史・選舉志一》：「（元仁宗）延祐初，令陰陽人依儒醫例，於路、府、州設教授員，凡陰陽人皆管轄之，而上屬於太史焉。」）自此，民間的陰陽術士（陰陽人），被納入官方的管轄之下。

至明清兩代，陰陽學制度更為完善。中央欽天監掌管陰陽學，明代地方縣設陰陽學正術，各州設陰陽學典術，各縣設陰陽學訓術。陰陽人從地方陰陽學肄業或被選拔出來後，再送到欽天監考試。（《大明會典》卷二二三：「凡天下府州縣舉到陰陽人堪任正術等官者，俱從吏部送（欽天監），考中，送回選用；不中者發回原籍為民，原保官吏治罪。」）清代大致沿用明制，凡陰陽術數之流，悉歸中央欽天監及地方陰陽官員管理、培訓、認證。至今尚有「紹興府陰陽印」、「東光縣陰陽學記」等明代銅印，及某某縣某某之清代陰陽執照等傳世。

清代欽天監漏刻科對官員要求甚為嚴格。《大清會典》「國子監」規定：「凡算學之教，設肄業生。滿洲十有二人，蒙古、漢軍各六人，於各旗官學內考取。漢十有二人，於舉人、貢監生童內考取。附學生二十四人，由欽天監選送。教以天文演算法諸書，五年學業有成，舉人引見以欽天監博士用，貢監生童以天文生補用。」學生在官學肄業、貢監生肄業或考得舉人後，經過了五年對天文、算法、陰陽學的學習，其中精通陰陽術數者，會送往漏刻科。而在欽天監供職的官員，《大清會典則例》「欽天監」規定：「本監官生三年考核一次，術業精通者，保題升用。不及者，停其升轉，再加學習。如能黽勉供職，即予開復。仍不及者，降職一等，再令學習三年，能習熟者，准予開復，仍不能者，黜退。」除定期考核以定其升用降職外，《大清律例》中對陰陽術士不準確的推斷（妄言禍福）是要治罪的。《大清律例・一七八・術七・妄言禍福》：「凡陰陽術士，不許於大小文武官員之家妄言禍福，違者杖一百。其依經推算星命卜課，不在禁限。」大小文武官員延請的陰陽術士，自然是以欽天監漏刻科官員或地方陰陽官員為主。

官方陰陽學制度也影響鄰國如朝鮮、日本、越南等地，一直到了民國時期，鄰國仍然沿用着我國的多種術數。而我國的漢族術數，在古代甚至影響遍及西夏、突厥、吐蕃、阿拉伯、印度、東南亞諸國。

術數研究

術數在我國古代社會雖然影響深遠，「是傳統中國理念中的一門科學，從傳統的陰陽、五行、九宮、八卦、河圖、洛書等觀念作大自然的研究。……傳統中國的天文學、數學、煉丹術等，要到上世紀中葉始受世界學者肯定。可是，術數還未受到應得的注意。術數在傳統中國科技史、思想史，文化史、社會史，甚至軍事史都有一定的影響。……更進一步了解術數，我們將更能了解中國歷史的全貌。」（何丙郁《術數、天文與醫學中國科技史的新視野》，香港城市大學中國文化中心。）

可是術數至今一直不受正統學界所重視，加上術家藏秘自珍，又揚言天機不可洩漏，「（術數）乃吾國科學與哲學融貫而成一種學說，數千年來傳衍嬗變，或隱或現，全賴一二有心人為之繼續維繫，賴以不絕，其中確有學術上研究之價值，非徒癡人說夢，荒誕不經之謂也。其所以至今不能在科學中成立一種地位者，實有數因。蓋古代士大夫階級目醫卜星相為九流之學，多恥道之；而發明諸大師又故為惝恍迷離之辭，以待後人探索；間有一二賢者有所發明，亦秘莫如深，既恐洩天地之秘，復恐譏為旁門左道，始終不肯公開研究，成立一有系統說明之書籍，貽之後世。故居今日而欲研究此種學術，實一極困難之事。」（民國徐樂吾《子平真詮評註》，方重審序）

現存的術數古籍，除極少數是唐、宋、元的版本外，絕大多數是明、清兩代的版本。其內容也主要是明、清兩代流行的術數，唐宋或以前的術數及其書籍，大部分均已失傳，只能從史料記載、出土文獻、敦煌遺書中稍窺一鱗半爪。

術數版本

坊間術數古籍版本，大多是晚清書坊之翻刻本及民國書賈之重排本，其中豕亥魚魯，或任意增刪，往往文意全非，以至不能卒讀。現今不論是術數愛好者，還是民俗、史學、社會、文化、版本等學術研究者，要想得一常見術數書籍的善本、原版，已經非常困難，更遑論如稿本、鈔本、孤本等珍稀版本。在文獻不足及缺乏善本的情況下，要想對術數的源流、理法、及其影響，作全面深入的研究，幾不可能。

有見及此，本叢刊編校小組經多年努力及多方協助，在海內外搜羅了二十世紀六十年代以前漢文為主的術數類善本、珍本、鈔本、孤本、稿本、批校本等數百種，精選出其中最佳版本，分別輯入兩個系列：

一、心一堂術數古籍珍本叢刊

二、心一堂術數古籍整理叢刊

前者以最新數碼（數位）技術清理、修復珍本原本的版面，更正明顯的錯訛，部分善本更以原色彩色精印，務求更勝原本。并以每百多種珍本、一百二十冊為一輯，分輯出版，以饗讀者。

後者延請、稿約有關專家、學者，以善本、珍本等作底本，參以其他版本，古籍進行審定、校勘、注釋，務求打造一最善版本，方便現代人閱讀、理解、研究等之用。

限於編校小組的水平，版本選擇及考證、文字修正、提要內容等方面，恐有疏漏及舛誤之處，懇請方家不吝指正。

心一堂術數古籍 珍本 整理 叢刊編校小組

二零零九年七月序

二零一四年九月第三次修訂

乙未閏月

山洋指迷

靖盦署

序

地理指迷原本得行於世豈偶然哉如明初周景一先生爲州山吳氏卜葬多奇穴更貽以指迷書厥後吳氏人文蔚起成巨族其書遂見重於人傳抄幾遍江浙第自明迄今相沿年遠鈔錄愈繁舛訛益甚此原本固不可不刊行也姑蘇俞君歸璞同邑吳子卿瞻嗜青囊學見指迷坊刻之訛卽其註釋亦未能闡發書意因取舊藏原本疏註爲枕中秘惟是俞吳二子向皆作客遠方天南地北萍合四明討論數載註成全集而先生傳書四百餘年今始得人蓋有數存非偶然也宜爲同志者慫恿付梓公之於世因問序於予讀之明晰暢達與大

迷明永樂時先生與其族祖友善居停數十年發祥諸塋悉由指示蹟行日始以篋書贈其慎重也若是此書之所以不甚傳而獨爲吳氏秘及吳氏簪纓世顯好事者僅以山法數卷輾轉傳抄假名刋布增損舛訛豈知先壁固有在一斑未足以窺全豹况更有毫釐千里之謬哉今讀全書原本萃青囊之秘要闡黃石之微言細若機絲朗如金鑑較傳抄諸本言辭闕失閱未竟而厭倦者不啻霄壤實爲開鑿混沌昭晰陰陽秘笈得其旨者何至望洋興嘆迷于所視乎爰與吳子互相討論增註成編質之同志咸以爲可夫求名師不得讀名師之書卽得也自應公之宇內使人摻寶鑰家奉南車山川

不能遁其形賢達不得專其美先生之教庶與日月終
古矣因付梓人而述其大略如此
時
乾隆丁未春日吳門俞歸璞序

序

二

周景一先生者明初台郡人也善堪輿爲予先世窀穸計貽地理指迷書四卷珍爲家藏遞傳弗失予向客四明見目講師地理索隱卽指迷也有山法而無平洋且刪減殆半無以發明更有以指迷爲宋王伋撰或稱元譚仲簡書鏤板行世書同名異何以証之嘗讀族祖環洲公序先生本業儒而性躭山水得青囊之秘人以地仙稱前明永樂間遊于越與予三世伯祖裕菴公深契居停有年家數善地悉由指點蛇山眠犬爲最著正統十四年先生辭歸爰以篋書贈此書之由來也其後予族丁齒日繁簪纓繼起以忠孝文行武功著者代不乏人四百餘年來予姓箕裘仰承如昔食先生之德而揚

其徽者迄今猶稱道弗衰書之傳也蓋確有可證者第先生潛德高風深自韜晦不著姓氏于書傳抄者或昧根荄刊行者借名炫世或圖簡略率意删除亥豕魯魚殊失廬山面目況少平洋一卷猶非全璧其稱爲目講王伋譚仲簡者卽非漫無所據亦可無論已甲辰春與吳門俞歸璞先生共事甬城見予指迷原本証其所藏卷帙相同幸舊錄之猶存較傳抄之未備因思所以壽世而予亦有同心於是反覆參詳逐篇增註三易其稿猶慮不能闡其微同人謬加稱許爰付剞劂皆所以推廣先生傳書垂敎之意俾究心地理者識山水之性情辯龍穴之眞僞吉獲牛眠慶延麟趾作忠作孝黼黻

昇平知先生加惠于地學無涯而人子之葬其親端賴

是編傳之不朽云

時

乾隆丁未仲春山陰吳卿瞻序

序

吳氏聚珍版

凡例

一是書山龍耑重開面平洋耑重束氣開口佔地步則山洋均重書凡四卷第一卷首論巒頭爲本爲全編立言大旨分歛仰覆向背合割四篇概論開面縱橫收放偏全聚散四篇概論地步二卷分論開面三卷分論地步後以開面地步包括形勢星辰爲山法諸篇結束饒減挨棄倒杖淺深四篇乃立穴定向之準繩所以補葬法之未備四卷耑論平洋承山龍開面說起以山洋異同篇總結全書

一是書山法諸篇雖經坊刻尚有未全而平洋一卷更爲世所罕見標題山洋指迷者實與他本不同

一是書正文圖說悉照原本不敢增減惟大概抄本間有詮註雖不知何人手批然足以闡發文義者亦採錄附入此外尚有未甚曉暢處或引前人成言或另增註解加圈別之第四卷本無註釋並經參註更有筆墨難盡者推廣正文本義附以圖說復將每篇警句密圈分清段落庶可一目瞭然

一是書娓娓數萬言如剝蕉抽繭層層推勘絲絲入扣其妙處全在一正一反對說如何是眞必言如何是假絲毫不肯放過雖字句不無重複處然縷晰條分各有精義潛心披閱自可豁然貫通初學最易入門高明者亦可擴充眼界開拓心胸

一是書評論山洋每篇先言龍脈次及砂水穴情分别龍穴眞僞大小瞭如指掌至山龍分歛篇云穴後宜分不宜合穴前宜合不宜分平洋龍體穴形篇云後以束氣爲証前以明堂聚處爲憑總括山洋龍穴大旨可謂要言不繁

一山龍落脈全在垂頭開面結穴全在毬簷唇毡辯脈穴眞假已備於首二兩卷若乳突窩鉗及平洋龍體穴形諸篇尤爲穴法精粹是編應推巒理上乘

一山龍有三分三合水平洋有大分合小分合眞分合之水山洋龍法穴法大畧相同太陽太陰少陽少陰四象雖論平洋形體亦與山龍彷彿可以參看

一平洋束氣開口乘脊脈看水繞前人原有論及是盡辯明收放開口各有眞僞近山平洋有脊脈者不可無水繞遠山平洋有脊脈以低田低地爲堂界而無明水者不可無大水會合及出水蓮花泊岸浮簰逆水沙洲諸格他書無此發明

一點穴自古稱難欲明點穴之法莫過此書明白暢達亦莫過此書平洋妙論精微法無不備且以補山龍穴法之不足其有裨地理更匪淺鮮

山洋指迷原本目録

卷一

論地理以巒頭爲本　開面地步
分斂　仰覆　向背
合割　縱横　收放
偏全　聚散

卷二

開面異同　隱面顯面　横面
偏面　閃面　巒面
深面淺面　大面小面　開面多寡
特降牽連面　開肩之面　乳突窩鉗面

石山 峻山 獨山
高山 偶有開面 泛頂不開面

卷三
太祖 分龍 中出偏出
應星 祖宗遠近 少祖
龍格 枝榦 老嫩
內外 開帳 蓋護枝葉
過峽 入首 胎息孕育
裀褥唇毡 餘氣 論地步本于開面
論開面地步包括形勢星辰 饒減
挨棄 倒杖 淺深

卷四

平洋論　因水驗氣　縱橫
收放　行止　分合
向背　斂割　仰覆
枝榦大小　渡刦　龍體穴形
脊脈水繞　平田低田　水穴
火嘴　沿海　山洋異同

目錄

二　吳氏聚珍版

山洋指迷原本卷一

周景一先生著　姑蘇俞歸璞
山陰吳卿瞻 增註

論地理以巒頭爲本

巒頭不專指星體而言凡龍穴砂水有形勢可見者皆巒頭內事也青囊經曰理寓于氣氣囿于形蓋理者陰陽五行之理氣者陰陽五行之氣形則山峙水流之形也山之所以峙水之所以流莫非陰陽五行之氣使然而其中有理存焉朱子所謂氣以成形而理亦賦焉者也但氣有吉凶不以理推之則不可得而知故聖人說卦以明理用卦以推氣凡先天後天雙山四經三合元

空穿山透地坐度分金休囚旺相氣運歲時皆理氣內事也。理氣諸說各有所用恐人無所適從特舉最要數者為後學指南第巒頭理氣二者孰重。曰巒頭眞理氣自驗巒頭假理氣難憑故理氣不合而巒頭眞者雖有瑕疵不因理氣不合而不發富貴理氣合而巒頭假者定不因合理氣而發福祿是巒頭爲理氣之本也明矣學者必待巒頭精熟地之眞假大小穴之吞吐浮沉卓然有見于胸然後講求理氣以明乘氣立向控制消納徵驗歲運之用亦不可廢如巒頭未熟先學理氣雖貴陰賤陽來生去墓諸說鑿鑿可據而吉凶休咎似與巒頭無與往往求福而致禍者舍本逐末故也故曰占山之法以勢爲難而形次之方又

次之○又曰有體方言用○常用則失體可不知所先務哉

開面地步

地之眞假大小何以辨之先觀開面之有無便知眞假之概再觀開面之多寡大小及地步之廣狹而地之大小亦知其概何謂開面只以分斂仰覆向背合割八字察之分而不斂仰而不覆向而不背合而不割者爲開面四者之中有一反是爲不開面而何謂地步只以縱橫收放偏全聚散八字察之縱長橫廣收小放大局全而聚大者地步廣縱雖長橫不廣收雖小放不大局偏而聚小者地步狹

分斂○此篇論來龍降脈及穴山穴面之分斂縱以諸砂證其開面爲山法全編之主腦也

何謂分歛曰分者分開八字也無个字不成龍無分金不出脈山龍落脈非个字不行落脈處要成星體方有分金之面○有个字則開肩開肩則有分水水分則脈清故凡有頂有泡處皆不可無分以為个字分金之丿音撇乀音捺○分金之丿乀者分出丿乀成金字之面也但不可三股顯然如鷄爪必有矬音坐平聲低矮也有平中脉如寬牽線者方是三股一樣高起如鷄爪者為貫頂兩邊砂高中脈微平軟反方是寬牽線又須大丿乀之內有小丿乀顯丿乀之內有隱丿乀故有大分小分顯分隱分之不同大分者主自星頂上分開大八字謂之明肩明肩之內又分半大半小八字不論條數多寡均為護帶護帶之內貼脈分小八字謂之蟬翼蟬翼乃出脈處顯所分之隱砂分者明肩護帶也隱分者蟬翼也更有隱者謂之肌理

刷開是體上有無數細紋分開者是依稀微茫須細心體認其頂下胸腹間所起突泡或分小八字或分隱八字謂之金魚砂亦爲暗翼此半山突泡所分之隱砂比蟬翼砂略短以上乃來龍降脉之分不論祖山穴山皆宜如此行度處微有不同有臨穴之際或分蟬翼砂而成乳突穴或分牛角砂而成窩鉗穴蟬翼牛角砂之内均須有肌理刷開之隱分方開穴面亦有乳突無蟬翼可見只滿面肌理刷開使穴腮圓胖以成穴面者此臨穴之蟬翼牛角肌理刷開總謂之牝牡砂乃爲分盡之分亦謂分金之面穴後宜分穴前宜合分至此而盡故曰分盡○以上概論祖山穴山臨穴分金之面以下分論兩臂諸砂名義謂之明肩者以其如人之兩肩如飛鳥之兩翼又如金字之人字外背内面彎抱向裏者是加背而直者非不論大

小星辰俱不可少在橫降處尤爲緊要橫降無肩落脈必假假如無大八字或大八字少一邊或參差不齊或一邊背我或無稜角背面或內無隱八字或大八字之丿乀上自分个字而成龍不爲我之用神者不論祖山穴山俱無眞結若外有至大之八字帳幕迎送纏護者是也迎送纏護即帳幕所分之枝脚又有開肩之大八字三台五腦七腦九腦金水帳者是也謂之護帶者以其形如垂帶作正脈兩邊之護從也開脚大星中垂一脈旁分數條顯然可見者爲開脚大星與橫山分落開帳刷落脈者俱不可少星辰廣濶故須護帶此三者若無護帶出爲脈無地步護帶不豁開如八字而反插入者爲斂或直生或背向裏者皆是惟外背內面先分開而尾插入者不忌護

帶無背面爲閒砂一邊背我爲無情皆不成地中小星辰不拘護帶有無有則更妙尖圓方之正體星辰常無護帶正體星辰開隱个字之面必有肌理剔開故不須護帶護帶亦有生於明肩外者明肩外有砂包裹重重均爲護帶總要外背內面方眞謂之蟬翼者以其所分至隱如蟬翼之輕薄也蟬之飛住不同故翼有舒貼二體舒者上半貼於身至翼尾則分開兩片於旁三股并然可見貼者翼尾緊貼身上兩股隱然難明三○股連中間脈路說兩股單指蟬翼言山頂之蟬翼舒者多而貼者少穴旁之蟬翼舒者少而貼者多○貼者不顯然分開惟有隱分之勢開脚星辰頂上化生腦無蟬翼界水貼脈透頭爲貫頂斷不結地雖有蟬翼而頂上就分三股如雞爪者亦爲貫頂中有

水痕穿透者爲蟬翼離身不成地者十之八九須看落脈之仰覆旁砂之向背以爲棄取得脈如鵝毛之仰砂如手臂之向者亦能結地必上截如覆鍋一般落下一股方分兩片於旁始肖蟬身之翼蓋蟬翼非頭上所生乃離頭項一股而生非頂上就分三股乃落下一股方成三股若一邊先分一邊後分爲蟬翼參差一邊有蟬翼一邊無者爲邊有邊無皆不成地惟一邊無蟬翼而得肌理之分者亦能成地但肌理之分甚微與邊無不甚相遠亦須以脈之仰覆砂之向背証之若尖圓方之正體星辰與突泡毬簷有滿面肌理之分者不拘蟬翼有無皆可論地肌理之分亦能分水故可無蟬翼謂之肌理刷開者以其所分至隱如肌膚之紋

理又如糊篙在壁上刷作分開之勢有隱然分開之痕影無顯然分開之枝條須細心體認凡有頂有泡出脈結穴處皆不可少在低小正體星辰與節泡毬簷之無蟬翼護帶者固全賴此隱然之分以分開星面穴面使不飽硬欹破而面平卽高大開脚星辰與節泡毬簷之有護帶蟬翼者亦莫不藉此隱然之分以成星面穴面若未分蟬翼之上無此此字指隱分言卽肌理刷開也則裏煞而剛飽已分蟬翼之內無此則不矬而硬直何能使脈路穴情有分金之平面而形如鵞毛氄音竅乎夫山之貴有分者以其能盪開粗硬之氣於兩邊使中間脈路有脫卸而軟泛也明肩護帶蟬翼之分但能盪開外層至粗之氣欲使中間脈路粗硬之氣

脫卸淨盡非肌理刷開之分不可故自分龍以至入穴無一節一泡之肌理可以直生歛入（直生則無彎抱之情歛入則無分開之勢）無半突半邊之肌理可以似分而分不淨其星面無矬平而帶剛飽者（必無肌理痕彎）卽是似分而分不淨謂之金魚砂者以其如玉帶間所佩之金魚袋又如魚身之划（音華）翅特降星辰○（即成座聳拔星辰）牛山有突泡者必不可少平岡龍體不論在穴山此爲第二分斷不可邊無参差惟邊長邊短股明股暗無妨明肩護帶亦然謂之牛角砂者以其環抱如牛角也窩鉗眞假全在此砂弦稜之有無別之（弦稜者砂身上隱隱有一線高起彎抱向裏也）必須外背內面而背面交界之際對望之若有稜起者爲有弦稜如無背面而

內外交界之處對望之囫囫圇圇者爲無弦稜邊窩之格定是邊長邊短股明股暗若半邊全無者則其無邊之界水必穿肩入於唇內故牛角砂亦不可邊有邊無謂之牝牡砂者以其瓏璁臨穴後隱約蔽穴旁如牝牡之交乎也○牝牡砂從毬簷分來在乳突陰穴爲蟬翼在窩鉗陽穴爲牛角皆所以包裹穴身使界水不割無牝右必割無牡左必割牝牡俱無不能分開兩畔之水必左右俱割脚穴○淋頭必然割脚故穴後穴旁無牝牡砂均爲割脚無顯然臨穴之牝牡猶可無肌理刷開之牝牡斷不成地蓋有無蟬翼牛角但得肌理刷開之面而成穴者有之未有無肌理刷開之面但得蟬翼牛角而成穴者○蟬翼牛角不可無肌理之分肌理刷開者土肉之紋理如牛肉理之斜生兩

滲入土從斜理分去壙中無水而有氣肌理不剛開者土肉之紋理如牛肉理之直生雨滲入土從直理滲入壙中有水而無氣故穴中有水無水以土理之分開不分開别之則有氣無氣亦以土理之分開不分開驗之蓋天下有生氣者人物草木也人物草木得有生氣者手足眉目羽毛鱗甲枝葉蒂瓣顯然之形體固無不分即寸膚寸肉一葉一瓣隱然之紋理亦無不分若只有顯分而無隱分是猶塑（音素）畫者雖具人物之形全無生氣何能知覺運動乎星辰雖有明肩護帶而無肌理剛開之分卽爲粗蠢飽硬之體何能有星面穴面之動氣乎故蟬翼牛角肌理之分更宜亟講也然則穴中有石

無石又何以別之曰亦在蟬翼牛角肌理之分而已有此分者剛硬之煞盪開兩邊中間自有矬平硬中裏軟必然無石縱有石亦如八字分開其石必嫩不謂之煞石紋分開之中必有土穴無此分者剛硬之石裏於中間必無矬平而飽硬卽無石而純土亦不可扦多有石山土穴葬後禍不旋踵總由無矬平分合渾身是煞故也帶石之山其石一直生下或從旁揷入陰煞極重惟石八字分開而有眞矬眞平者穴有浮石亦無碍謂之分盡之分者以分開金面之下仍有分水之脊出脈者未可言分盡也金面下無矬平面有脊脈猶行而未止必至毬簷之顯分而見蟬翼蝦鬚隱分而見肌理刷開○蝦鬚指毬簷外分水言毬簷顯分自有蟬翼可見若嫩乳嫩突之隱分惟有肌理刷開中間

不復有脊脈之起面前惟見有圓唇之收○穴暈前有微坐之小明堂方見圓唇兩角收上而托方爲分盡分盡之處卽是結穴之處謂之分金之面者以穴後毬簷顯者如覆鍋隱者如泥中鱉穴前對望儼如金字之面俗謂之金星楊公謂之乘金其劈中處是分金之中也即穴之中心分金之中卽是點穴之中未分盡而急扦之曰鬬是純陰扦穴鬬煞即傷脈已分盡而緩扦之曰脫是純陽扦穴脫脈即無氣○不於分金之中而旁扦之曰偏○偏則失脈蓋出脈如菜臺之抽於心結穴如花心之接於蔕故曰點穴之訣在貫乎一脈之來而處於至中之地豈非言分盡之處係分金之中卽是穴之意耶○以上論分以下論斂其明肩護帶蟬翼牛角肌理不自內分開而

反自外插入卽不插入而直生無抱向之情者均謂之

斂（要本身枝脚宕開如人肘開作揖爲佳）或有大八字而無隱八字或有

隱蟬翼而無明肩或邊有邊無參差不齊者亦謂之斂

盖當分不分卽是斂也斂則生氣不行與分相反分者

陽氣發舒生長之象斂者陰氣收藏肅殺之象故自穴

後毬簷溯至分龍太祖俱喜分而忌斂但山之全無分

者亦少似分而非眞分者最多顯然分開斂入者易見

隱然分開斂入者難明或大分小分似乎俱備而地反

假或顯分隱分似乎有缺而穴反眞諸般疑似不決者

惟觀其脈路穴情如知卿鵞毛之亂寬牽線之軟兩邊護

砂（○左右龍虎貼穴牝牡砂俱是）如側手臂之向者必眞脈路穴情如

覆鷙毛之飽或如急牽線之硬兩邊護砂如側手臂之背或如手臂之覆與仰面不向而背者俱假○覆則不分背面仰而不向雖仰何益以此法互証之而眞假疑似不難盡剖矣

明肩護帶蟬翼肌理刷開之圖

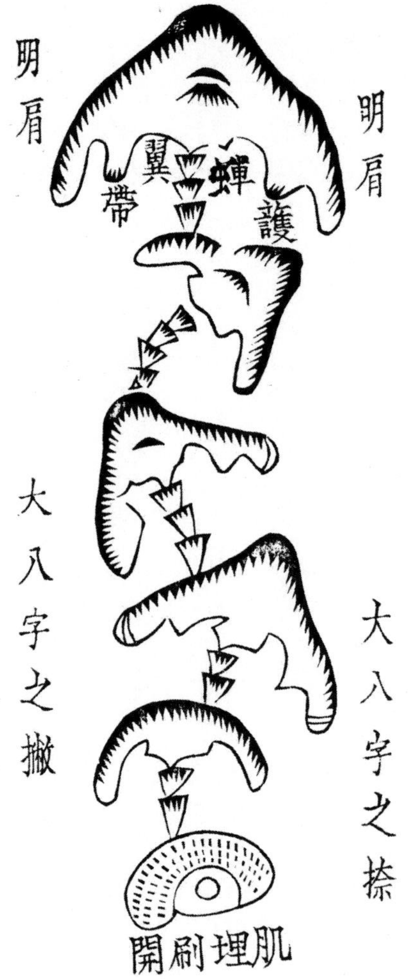

右圖上五節開脚星辰下一節正體星辰

群龍並出圖

第一節大八字大故地大第二節左邊無大八字左龍之大八字反背地假第三節本身無大八字左右砂俱背亦假第四節大八字小故地小

僞龍之圖

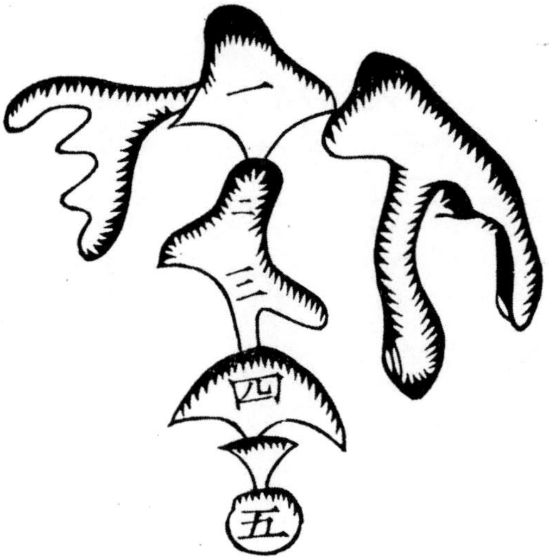

第一節雖分八字出脉闊大貫頂二節無大八字三節大八字参差四節無蟬翼三股如雞脚五節囫圇無稜角俱假

病龍無得之圖

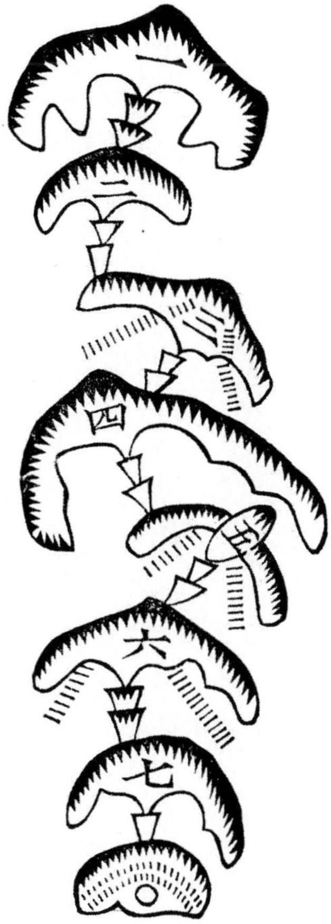

右圖第一節護帶歛入先分開而外背內面無妨三節六節界水透頂在蟬翼外無妨四節左邊無蟬翼犯邊有邊無之病如在穴山多不成地今在後龍旁砂如花瓣相向脈路如寬牽線前後龍俱開面無妨

五節脉路闊大似貫頂但有肌理刷開逼開界水不致扣脉非無分中有分則必有小𡉏小平而不硬直亦無妨七節左邊無蟬翼砂本是大病幸非穴山前後龍俱開好面本身脈如寬牽線旁砂外背內面故無妨若半山無金魚砂界水扣肋割脈得脈如見牽線左右砂外背內面者亦無妨入節正體星辰似飽幸而兩邊稜角伶俐中有肌理刷開之分必有小𡉏小平之勢故雖似飽無妨若入字囫圇無稜角中閃雖有肌理隱分而無數炎小𡉏小平及無兒顖（音信）之微有（有音一無米之觳也）者爲分不盡必無融結況肌理直生歛入者乎

凡分斂之病共有十八至凶而不能變吉者有十焉一曰無大八字二曰大八字參差不齊（一邊先分一邊後分）三曰大八字少一邊四曰大八字囫圇無稜角（囫圇即無背面無背面即無稜角）五曰大八字之內既無蟬翼又無肌理刷開六曰界水夾脈透頭（頂前出脈硬覆）七曰護帶外面內背或無背無面自外揷入八曰蟬翼去參差金魚砂不齊九曰到穴無分金之面或牝牡砂不全十曰肌理直生斂入龍有病能變好面而結小地者三一曰大八字一邊反背二曰大八字自分个字而成龍三曰大八字反小而不罩其小八字此三者得下面博出星泡飽半面情○（穴山成星體吉形山有遮脈節泡）有分金之面脈路仰而不覆穴隨面而不飽○（臨穴毬簷與牝牡砂均）

有隱之面分左右砂向而不背○指虎砂言龍出唇吐氣砂水聚集者仍有小結不可以祖山不美而棄之雖有病而不傷大體者五一曰大八字一邊倒稜二曰本山出脈處被護龍之砂自外挿入三曰內層之護帶蟬翼當小外層之護帶明肩當大今相同如棕櫚葉四曰後龍山頂蟬翼肌理之分邊有邊無一邊有則生氣從有之一邊落下故無妨半邊界水夾脈透頭五曰半山無金魚砂或邊有邊無此五者得後龍節節開面脈路揆揆矬平旁砂面面相尚向毬簷唇口分明局勢環聚者雖有一節之疵不減眞龍之力又大龍將盡節節分枝枝枝成地之處其分龍處之大八字護帶一邊背我者不可以起祖發足之山谷論○此分龍

是大龍行度處分來與起祖發足之分龍有別蓋枝枝成地之處分大龍一二節即入穴分龍便作太祖故亦曰分龍詳見第三卷因其背我而棄之脫化多龍砂水小能處處拱顧果能真穴的問或有背無妨只要出脈處○分龍出脈處有小開面有㽭有平前途能博出數節開面星辰本山枝脚不顧人者亦成中下之地○以上論病龍棄取

或曰從來只有分合二字今分字下添入歛字合字下添入割字何也曰向背仰覆聚散六字一好一歹音堆俱有相反者爲對獨分合二字俱在好邊求其與分相反之字合字是也求其與合相反之字分字是也然穴後宜分不宜合穴前宜合不宜分○分則氣來合則氣止山洋龍法穴法二句包括殆盡此不但指穴後穴前之乾流水痕言故以歛字易合爲分字之反謂

穴後只宜分開不宜斂入以劄字易分爲合字之反謂穴前只宜合脚不宜劄脚也○合脚者金魚水從毬簷後分來合於唇下又有兩砂兜抱其唇也劄脚詳下合劄篇

或曰斂字與合字義似同而云忌斂者何與曰合字穴前始用之自穴後毬簷溯至分龍太祖一見斂入生氣不來況合者先自內分開外背內面而環抱其內也斂者竟自外插入內背外面或無背無面而插入也是以有別○上二節槪論分斂

或曰但聞穴旁有蟬翼未聞祖山山頂亦有蟬翼曰董德彰云出身處有蟬翼護帶前去必成大地說見四神秘訣出身者太祖分龍處也則蟬翼豈止穴旁有哉此○

節論出身處蟬翼

或曰肌理刷開未嘗聞之曰橫看壁面直指斜膚彷彿有無是爲得之此古人語也非肌理刷開之謂乎

或曰顯八字之内固不可無隱八字但隱八字如蟬翼者可見如肌理刷開者非法眼難明或草木蓁榛蕪或種植開損雖法眼亦難明且山之个字三股者居多豈盡如雞爪假个字乎曰但觀山頂上截有一段平面無陰脊透頂有坐有平落下一段方出脈如寬牽線仰鵞毛者定有隱八字便是正脈若陰脊透頂不先作一坐之勢而出脉如急牽線或如覆鵞毛者定無隱八字即有亦是砂體蓋眞个字必平面而無脊上半截有肌理隱分

不遽然分開三股故有平面○山頂上半截有平面方爲開面之眞假个字必渾而有脊上半截無肌理隱分○渾者剛飽之謂山頂上半截有脊而剛飽者即是員頂出脈卽截然分開三股故無平面也○此節論个字眞僞

或曰同在此山何謂自外挿入卽挿入便何妨曰如人之眉目自印堂分開法令紋從鼻旁分出爲自內分開方成人相若眉目自太陽生來法令紋從兩顴音權生進爲自外挿入便不像人形又如花果之細枝數片嫩葉一朶花瓣從本枝本蒂分出爲自內分開方成花果若本枝無葉無瓣或有而不全被旁枝之葉瓣挨入本枝爲自外插入便不成花果故大小八字要在本身之頂與肩戾先作分開之勢然後環向其身者爲自內分開方

能成地若本身不先作分開之勢被隔股别枝之砂從旁插將進來爲自外插入斷不成地蓋自內分開而環向本山者定是外背內面自外揷入而唐突本山者定是內背外面或無背無面若本身已有大小八字自內分開而隔股之砂自外揷入則不忌但面來向我者佳

○此節論本山大小八字之分開

或曰龍格中惟梧桐枝兩邊均匀兼葭杞梓楊柳等枝非參差不齊則邊有邊無其福力雖不及梧桐枝未嘗爲假今以參差邊無爲假得毋背先哲之論乎曰彼所論者行度處之枝脚橈棹予所論者開面處之大小八字楊柳蒹葭邊無參差而不妨者以分龍入首開面成

星自有明肩蟬翼之分分者在設此處邊無参差雖梧桐枝亦假烏能成地○此節論分龍入首必須明肩蟬翼

或曰分斂之法可辨地之眞假亦可辯地之大小乎曰萬觀其始分再抽之際大入字大護帶多者前去必成大地大入字小護帶少者前去必成小地此論護帶

或曰十六字中首列分字分字者何歟曰分字卽開面之開字未有不分而能開面者也故分字爲首重

或曰子言無分金不出脉豈水木火土無脉乎曰五星之體不同而分金之面則一星體雖不同而落脉必成金面故曰分金○蓋言分出如金字之形爲面也非謂五行之金如曲些是水之分金長些是木之分金尖些方些是火土之分金五星皆有分金之面然

後出脉也此論星面

或曰子言分金之中是點穴之中金星弔角穴閃薄邊者豈亦在分金之中乎曰金星弔角者因當中不出脈閃歸个字之丿乀邊出脉而隱然分金之面在於角上也金星弔角大金面之旁另開小金面穴閃薄邊者因折穴小金面之中即是分金之中當中厚而死分金之面閃歸薄邊如人側面一般雖非折量之中未嘗不在分金之中故宜就其金面中立穴也○此節論閃脈

或曰何謂化生腦曰山頭如人之頂化生腦如人之額山頂前之微突連於山頂者是謂之化生者以山之起頂乃是陰體欲落脉必先作隱隱分開之勢將硬氣盪開兩邊則隱分

之必下必有一呼之微有如小兒顖門之上截○如兒顖上截者喻其之極微此陰化而爲陽也從此化陽之前生起小腦是爲化生腦此陽化而爲陰也頂前落脈微有前微起有此陰陽變化脈方不死陰陽變化呼吸浮沉之機已朕兆於此○吸則氣升而浮呼則氣降而沉故其腦上必有分開之金面分下有一呼之微有前有一吸之微起微起便是小腦而此下之節泡毬簷亦莫不從此化陽之前生起故脈動而氣生若不從化陽之前生起則生機已絕無陰陽變化卽無呼吸浮沉之動脈何能有氣前生突則氣生不從前生突則氣死故頂前無此腦推出而穴中直見其頂者固不成地卽有此腦而不從化陽之前生出則陰煞未化亦不成地有腦而無即是純陰○此節論化生腦

或曰篇中引喻人物草木於地理何關曰以其分合向背之性情與地理同地之生氣不可見故以分合向背推之地之分合向背亦如人物草木之分合向背也然非登覽涉歷細心理會難按而知今試以人面喻之百會山頂也額化生腦也耳與顧（顴）骨大八字也眉目小八字也面上肌膚細紋肌理剛開也法令紋蝦鬚水也印堂平脈不貫頂也山根軟元武垂頭也鼻準豐隆天心壅突也準頭截斷毬前一矬而脈止也人中葬口也下顉（頷）圓唇也法令頰骨之兜收下合也再以花木喻之放甲祖山之分也未抽條先布葉如有个字方出脉也欲作榦先分枝如有橈棹方成龍也大葉之內旋主（生）小葉

如大八字內有小八字隱八字也花蒂到頭束氣也花開開窩結穴也結果聚氣突穴也花瓣之放開上分也花瓣之抱向下合也眉目法令甲葉蒂瓣俱自內分開外背內面非自外揷入俱雙雙對分非如不對節草邊無參差山之明肩蟬翼金魚砂俱當似之反此則假夫人物草木之與地理同氣而異形萬殊而一致散之雖分彼此要之可以相通故昆虫物須類皆得以取形定穴亦然以形雖變而分合向背之性情則一也

仰覆○此篇耑論垂頭出脈以證開面之有無

何謂仰覆曰如仰仰鵞毛寬牽線爲仰如覆覆鵞毛急牽線爲覆仰鵝毛與寬牽線寬輭無異覆鵝毛是飽肚急牽線是直硬二者不同山仰是開陽獻面陽主生山

覆是純陰裹煞無生炁也仰鵞毛俗呼鵝毛亂寬牽線皆軟脉之形也出脈如之自然有撲前之勢有顧下之情卽是垂頭○自成章云垂頭開面精神所注顧左則穴居左顧右則穴居右顧中則穴居中急牽線覆鵞毛皆硬脈之形也出脉如之自然有退後之勢無顧下之情卽是不垂頭○大抵頭俯則腰軟自然開面頭仰則胸突意向前奔頭之垂不垂在矬平之有無眞假定之矬平之有無眞假又在分之有無眞假定之眞分者顯分成个字之形盪開外層之硬氣隱分成分金之面盪開內層之硬氣硬氣盪開於兩旁脈必脫卸而軟泛故隱入字之又下小矬一矬而有數尺之峻峻前小亂一亂而有數尺之平○此論山頂開面出脈其平盡處近下看之必是些些突泡○此突泡在山頂之前卽是化

生腦其泡亦必有隱八字之分有小矬小平遞下凡有微
泡○概指遞脈突泡而言有皆分隱八字而隱八字之双口必有微
有有○微泡有有方見八字隱分遞脈·如小鬼兒顖門之上截脈從此微有有
中遞下者即是脫卸而輭輭之甚者以二三小矬小平
作一大矬大平之勢下面又有總還亂之大平○大矬大平之
下又有大平之總還亂方見脫卸之極輭但下面又復有分此處尚非穴場大平盡處下面
望之必是一大泡其泡又復有分有矬有平遞遞而下
脫卸不甚軟者止有數次小矬小平或間闊中矬中平至
毬簷下方有總還亂之大平○脫卸不甚輭故遞脈無還亂之大平直至毬簷下
圓長托起方是總還亂然山體不一有三停俱大矬大平而內復
有小矬小平者有三停俱小矬小平者有頂上二三小

矬小平下截有大矬大平或中矬中平者有中截只小矬小平上下截有大矬大平或中矬中平者有矬短而平長者有矬長而平短者有極矬極平者有略矬略平者有矬不止峻而平極平者有矬極峻而平不甚平者有矬極長而平在依稀之間遠望如寬牽線有顧下之情者有矬極短而平在依稀之間遠望如急牽線無顧下之情者有大小疏密長短不等雜然迭出者雖如此變化不定聊取其中四者論之以概其變曰大矬大平小矬小平極矬極平略矬略平而已○以上概論垂頭出脈以下逐類分

疏　大矬大平者形如長寬牽線極矬極平者形如極寬牽線其垂頭之情不拘遠看近看橫看對看明眼庸眼

皆可得見後龍數十節如此者必是特達之龍穴山三停如此者必是顯明之穴然不可多得也後龍十節之内有四五節如此者亦是特達之龍穴山三停之内有一二停如此有者亦是顯明之穴畧㘴畧平者形如畧寬牽線其垂頭之情近看方見而遠看未必見横看方見而對看未必見明眼方見而庸眼未必見後龍離三五節於極㘴極平之中亦是特達之龍若太祖分龍少祖父母山三停落脉皆如此龍雖不假決不發揚陰勢不尊故也○分龍少祖父母山出脈處俱宜極㘴極平或大㘴大平以見峯巒聳拔降勢尊嚴龍身長短貴賤亦於此辨若三者出脈俱略㘴略平即畧低小牽連力量微薄穴山三停之内○太祖分龍少祖父母山是龍身之三停頂前化生腦半山金魚砂臨穴毬簷是穴山之三停離一二停於

極矬極平之中亦是顯明之穴若三停落脈純然如此須觀頂前之化生腦半山遮脈之突泡穴後之毬簷不塌頭而有金泡之起不裹褁煞而有金面之開脈必從隱八字之乂口而出而隱八字之乂口个對一个貫串而下者爲眞若塌頭而金泡不起裹褁煞而金面不開脈不從隱八字之乂口而出而隱八字之乂口个不對个左右散亂而下者爲假○穴山三停落脈若俱無大矬大平以个字之貫串散亂辨脈路穴情眞假無遁形自力量只隨後龍不以到穴之略寬牽線限之

小矬小平者形如短寬牽線又如小鬼兒顋門之上截矬平之勢短而隱遠看必不見兩邊隱八字不矬而遮其中心之矬處橫看亦不見遠看不見其小矬小平之勢

則必類不矬不平之體橫看不見其顋門之有則必類急牽線之形惟雜數个大矬大平之長寬牽線極矬極平之極寬牽線者卽遠望亦有垂頭之勢可見若其小矬小平連有數者次或十餘次而十餘丈間無稍大之矬平者其垂頭之情必非遠觀能見也蓋有矬有平之寬牽線與大矬大平之長寬牽線遠觀而見者固是垂頭卽小矬小平如短寬牽線近觀得見者亦是垂頭惟不矬不平如急牽線者方是不垂頭然垂頭不出於个字分金之面雖大矬大平如長寬牽線亦是假垂頭出於个字分金之面雖小矬小平如短寬牽線卽是眞垂頭不可因遠觀不見而棄小矬小平之眞垂頭也勿因大矬大平

之寬牽線遂忽略不辨眞假故以有無个字分金之面別之但小㙗小平之類急牽線與眞急牽線相去不遠不可不辯如背駝而陡面寬而平必金面有拜前之勢○拜前即是撲前左右有內顧之情頂上明肩中停暗翼齊齊分開不邊無參差不自外揷人性情不側面顧人界水不透頂扣肋山頂發脈如鷄爪水必透頂半山無金魚砂水必扣肋○此論山頂而兼及半山遞脈分砂有稜有角不破不欹而端正開面○承上言界水不透頂扣肋則山頂與明肩自然不破不欹而開好面也自正面觀之頂間有隱隱八字如糊筆之刷開隱隱八字中又有小㙗小平如小鬼兒顖門之上截㙗平之間有短寬牽線之勢㙗平之盡有微突抬起之形○此言山頂開面出脈但有小㙗小平而微突又開金面隱分八字一㙗一平如鬼兒顖微有有頂○

前微突開面方有隱分微有如短寬牽線遞下凡有微突○落脈小䃱小平故
半山遞脈只有微突俱有隱八字之乂口个頂一个貫串而下不
左右散亂脈貫隱八字之乂口隨其微起微䃱之勢而
下便是生氣之動反此則假然非明察秋毫不能辯此
凡出脈處○分龍少祖父母山出脈之處俱是辯龍辯砂到穴處○穴山毬簷後
俱是辯生辯死全在此二三小䃱小平別之雜數个小䃱
小平於大䃱大平之内與上下者龍力極旺惟祖宗頂
上落脈處不宜單見小䃱小平之多而遠望類急牽線
行度小星單見無妨在穴山有上截○指頂前化生腦單見此
而下截○指毬簷方有顯明之䃱平者有中截○指金魚砂單見
此而上下截有顯明之䃱平者有臨穴單見此而上截

有顯明之趖平者有三停均是小趖小平並無顯明之趖平者俱以上法辯之力量只隨後龍不以此限蓋後龍非大趖大平龍勢不旺故不喜小趖小平之單行穴山得小趖小平生氣亦動故不必大趖大平之兼至穴○山有呼吸浮沉之動氣故不必兼有大趖大平若有小趖小平復有大趖大平者更徵龍脈之旺不然惟坐體星辰與寬垣之山○寬垣即臥體星辰方得兼收而峻急之山如尖火壁立直木插天突金拱起飛蛾貼壁掛鐘覆釜等形○此皆立體粗蠢星辰若開面落脈內有小趖小平亦能結地皆在所棄矣○此節論分龍少祖父母山與穴山毬簷起頂落脈但有小趖小平之類急牽線若無分假分者或明肩不全○即邊凸邊凹或蟬翼有鈌或外砂斂人或八字背身硬煞包裹於中間趖平不見於頂下或有一趖

之峻而假煞無顧下之情或有一段之平而平盡無抬頭之突○此論頂前山脈飽硬或雖有突而金面不開或雖有面而隱八字無有或雖有有而又不對又終如急牽線覆鶩毛○因化生腦無真分之面故遞脈無生動之機身無拜前之勢即不顧下頂有塌後之形即不抬頭謂之不垂頭在太祖分龍爲根本先凋前去必不成龍所去必短而不長在行度星辰爲節龍帶煞後代行至此節必有凶敗之應○舊有後龍一節管一代之說得前後龍皆開面不傷大體如在少祖父母山爲胎息不成○胎息即子孫蓋自太祖分龍而來行度處高大星體爲遠祖遠宗近穴山數節有特起星辰爲少祖穴山元武後一節爲父母則少祖父母山皆遠祖遠宗之子孫也不成者無發生之意在穴山頂上爲塌頭在半山爲突胸飽肚在毬簷穴前爲塌頭削脚

穴後不垂頭爲塌頭穴前不拾起爲削脚有一犯此即不成地○此節論眞急牽線

或曰山之不可不垂頭何也曰分八字之形是開陽獻面拖中个之直是束陰吐脈隱八字之乂下一矬而成顋門微有是陰中化陽氣之呼而沉也有前之脈路一平而起擡頭微突是陽前變陰氣之吸而浮也此陰陽變化呼吸浮沉之機相遞而下在性情論曰垂頭在動靜論曰動氣卜氏曰山本靜勢求動處蔡氏曰休言是木是金動中取穴楊公曰察其生氣動與不動動則生不動則死氣不可不動故頭不可不垂○此節論垂頭出脈

或曰葬經但言元武垂頭今祖宗父母山皆欲垂頭無乃過求乎曰穴左數重皆爲青龍穴右數重皆爲白虎

穴後來龍諸山獨不可皆爲元武乎然則胸腹之突泡穴後之毬簷非頭也何以亦欲其垂曰山有泡奚爲垂頭穴有突爲突頭毬簷亦泡突也突泡毬簷不垂頭到頭焉得有生氣○此節論來龍及半山突泡突後毬簷之垂頭

或曰山忌突胸飽肚則胸腹之間似不可有突泡而遞脉下來又不可無突泡奈何曰頂下不趖而起突突前不趖而落脉上塌而下削故爲突胸飽肚若突泡前後俱有趖有平突泡愈多愈有軟泛活動之勢何得爲突胸飽肚○此節論半山突泡

或曰穴忌削脚則山成立體穴下峻者皆非地歟曰所謂垂頭者不必定如仰鵞毛之平眠斜戳也如仰鵞毛

之竪戳亦是故削脚不削脚不在山之峻與平只在形之覆與仰至峻之下畧還亂便是垂頭至平之後無一絀即爲削脚後無絀則前不還亂故曰垂頭不削脚削脚不垂頭第所謂還亂者不必定有高起一段亦不必定如平地只如仰鵞毛之直戳比上山壁峻處較平些而有抬起之勢便是還亂鵝毛直戳上垂下亂若塌頭貫頂雖下面有平亦非還亂但眞地之圓唇平仰如臺盤者十有七八半峻半平如斜戳仰鵞毛者十之二三峻仰如直戳仰鵞毛者百中一二削下而無還亂之勢者斷然無地○此節論唇

或曰寬牽線之脈不出於个字分金之中已知其爲砂體宜不結地亦有出於个字分金之中而不結地者何

也曰此大龍方行處之枝脚橈棹也大龍之枝脚必長若無个字分金之面與寬牽線之勢則不能遠行以作正龍之護故个字分金之面寬牽線之勢亦間或有之不能節節俱有也及觀其大勢必側面而顧人枝葉散亂操縱由人察其到頭必覆體而不變○不分金面純陰無陽故雖間有个字分金之面與寬牽線之勢亦不能結地夫覆體不變易知側面顧人難察欲知其顧人不顧人之性情須登高遠望四面觀之方可瞭然於胸○內照經有近視遠視高視低視前視後視之說山洋龍穴看法皆當如此若止在穴山一看未有不被其朦朧也○此節論纏護枝脚

或曰每見穴山有百十丈急牽線之脈而又能結地者

何也曰此八般脈中之梗脈也乳珠氣皮節泡梗塊爲八般穴脈見二卷巒面篇只忌透頂如急牽線故透頂出脈者爲貫頂不謂之梗若山頂分開金面有一𣟧之峻一亂之平平盡有抬頭之突又分兩片蟬翼於旁直下數丈遠望似梗○如木之梗故曰梗脈然上面須有隱隱八字隱隱𣟧平脈方不死故不謂之急牽線第到頭還須起微突之毬簷開分金之穴面毬後毬前俱要有𣟧平不然則到頭無動氣雖不貫頂出脈亦不成地○梗脈雖能結地仍以到頭有動氣者方爲眞結蓋毬後無平何以見其毬之起毬前無𣟧何以見其簷之滴簷前無平何以見其氣之吐毬簷無分金之面何以見其葬口之開不但梗脈當如是凡穴皆當如是也○此

節論梗脉結穴

或曰山高而矬必有一段之峻山高而矬長者其峻亦長勢必如急牽線奈何曰所謂寬牽線者合峻丁下還亂之平觀之也峻下無還亂之平方為急牽線有還亂之平則此長矬之峻正為還亂張本何得以急牽線目之然亦要幾個隱隱八字隱隱矬平在此長矬之内非眞如急牽線者方佳○此節論高山落脉

或曰平岡龍何以見其垂頭平岡龍平坦而不甚高峻少見起伏曰高山以起伏為勢而佐之以收放曲折故垂頭之處多平岡以收放曲折為勢而佐之以起伏故垂頭之處少然不垂頭雖有收放曲折無益故平岡龍於起頂分个字之

處得一㙮之峻便作垂頭之勢如人仰臥而擡頭顧胸方能成龍不一㙮而挺然平去者必是砂體但高山是坐體星辰㙮當常長而平常短胸腹顯有突泡之遮生故垂頭之形對面遠觀卽見平岡是臥體星辰㙮常短而平常長胸腹微有突泡之遮生故垂頭之情近看方見至結穴處其頂上開面垂頭之下亦須再有突泡此突泡卽穴後毬簷分開金面方能吐氣結穴○此節論平岡垂頭

或曰橫岡落脉度○橫龍腰落與大龍行處開平面落脈者是與肩臂落脈者○從太八字ノㄟ邊落脈者與見二卷偏面篇何以見其垂頭曰橫岡肩臂雖不起頂而貼平岡之前與肩臂上有化生腦幷蟬翼肌理之分有㙮有平出脈如寬牽線者便是垂頭不必定

須有頂○此節論橫龍與大八字ノ乀邊落脈

或曰假如一山分作數條並下俱開面成寬牽線之勢如何分主從曰只觀頂下○即山頂前與毬後之一𣨼比他條之𣨼更甚𣨼前之一平比他條之平更長𣨼前有入字水痕平前有𡋯頭湧突突前有分金之面身不顧人唇圓堂聚者是真穴兩條相等是並結反此是砂蓋真龍必翔舞自如旁砂必側體他顧也天山之喜其𣨼者欲其有垂頭之勢爲下面還𣫍之張本也喜其還𣫍者飯欲其起抬頭之突爲下面垂頭之張本也○上有垂頭下面要突之勢外也

然還𣫍垂頭正爲還𣫍地步如山頂垂頭出脈生生而突泡臨穴毬簷唇毡兜起皆是下面之還𣫍而本于上面之垂頭也還𣫍即是起突上面起突下面自見垂頭起突正爲垂頭地步如山頂前化生腦突起可見化生腦

之垂頭半山節泡突起可見半山節泡之垂頭是也㙮前有八字水痕者乃上下个字相接之處必有八字摺痕收束其氣使脈路有收有放而不直硬其頭也○頸即氣脈束細處平前有抬頭湧突者因上面有㙮有平有分水下面與在旁觀之自成湧突不必比平處更高一段方爲湧突也故凡結穴之山下○論穴山坦峻二體坦而不峻者頂下與毬後必大㙮一㙮大平一平○山勢坦而不峻頂下與毬後故均有大㙮大平此處雖似可立穴○皆頂下毬言後但有微分八字水痕知其脈尚行而未止凡結穴處必有薄口如掌心龍脈方住若有微分水痕氣脈尚行極峻之山頂下與毬後亦必大㙮一㙮略平一平大㙮者峻處不可扳援略平者平處可以眠坐○山峻故頂下毬後短長而平短下面方能結穴故不但穴中穴前要平穴後亦

宜有平○穴中立穴之處穴前指唇毡穴後毬簷之後也頂下之泡俱宜有小平也○頂下之泡即化生腦腦後略平方見腦之突起腦頂下之泡無平者所降非眞脈毬簷之後無平者穴中雖平亦非○山頂前無平即無化生腦故降脈不眞毬簷後無平穴不起頂即無金魚水之分故下面雖平非穴但不先㙞一㙞雖有平無益○不先㙞而平者即是純陽故㙞平二字不可相離○㙞為陰而平為陽陰陽相見方是生氣更要㙞處有撲前之勢平處有還喬之形上不塌而下不削在个字分金之面中隱八字之义下者方是毬毬後有平要有○有有則見其㙞雖短無妨毬前之平雖長不㙞而鋪還假○毬前平處略㙞方見有簷不㙞而鋪則無簷而球假悞葬毬後之平者其平長大禍稍遲短小者禍至速破毬者氣必散○臨穴之毬真氣所聚破則氣散毬前㙞處卸下而未

停○脈猶未止簷前平處仰承而氣聚○簷前平處即是穴暈勿誤認暈前薄口為平處蓋薄口是小明堂也湊卸下未停處扦穴○即是湊簷而扦不但減福恐傷其龍傷龍則鬬煞故點穴必在簷前平處○此節分別穴山落脈真偽并論坦峻山脈路穴情

或曰本山已經垂頭其肩臂直抱可乎曰元武欲其垂頭者取其勢之撲來情之顧下其兩肩兩臂亦須有撲裡之勢顯出內顧之眞情肩臂之外均須有駝出之形顯出撲裡之眞背則本山之垂頭方眞否則雖落脈如寬牽線亦無益也○此節論穴山肩臂

或曰每見中脈只有小矬小平龍虎反大矬大平豈正穴在龍虎乎曰此當觀其个字分金之出脉顧人不顧

人之性情如出于个字分金之中直自主而不顧人人來朝我者雖小㘴小平亦是正脉出于个字分金之丿乀側面顧人人不朝我者雖大㘴大平亦是旁砂然則龍虎何須大㘴大平乎曰楊公云若是面時寬且平若是背時多陡岸寬者卽寬牵線也平者即有㘴有平也陡岸者卽無㘴無平而如覆鵞毛也故山面不惟中脉有㘴平卽龍虎亦有㘴平而山背則不然且龍虎之有㘴平正以顯穴山寬平之正面耳但龍虎有个字分金之面自主而不顧人仍有㘴有平者亦能結地○此節論龍虎

㘴平

或曰仰者爲陽覆者爲陰有陽不可無陰則有仰不可

無覆今喜仰惡覆何也曰凡山形俱上小下大中凸旁低其體原覆脉路及覆則孤陰不生陰覆之山得陽仰之脉生氣方動喜仰者正于覆中取仰忌覆者不忌山體之覆忌脉路之覆也○（此但指陰覆之山而言若山體坦平反宜陰脈總之陰陽變化方有動氣）然則古人何不及之曰廖公云飽是渾如覆箕樣醜惡那堪相是喜仰之意在言外楊公曰仰掌葬在掌心裡又云也曾有穴如側掌却與仰掌無二樣雖不言及覆掌而忌覆之意在言外曰金剛肚蝦蟇背鴨公頭非忌覆之謂乎曰好格面平方合樣高山頂上平如掌橫觀落脉寬牽線非喜仰之謂乎然則形如覆釜其巔可富謂何曰此當與形如覆舟女病男囚並論覆釜

就星體言覆舟就氣脈言星體不忌覆氣脈忌覆故一好一惡如此然覆釜之山後無寬牽線之脈巔無平仰之盤何能結地覆舟之山分開金面有矬有平出唇吐氣奚至爲凶○總是陰宜見陽之意此節論氣脈

或曰仰覆二字于地理果何關切曰葬覆鵞毛之山必主敗絕有不敗絕者必別有吉地然凶禍亦斷不免葬仰鵞毛之山必主興旺間有興敗者必祖山○分龍而來遠祖遠宗及少祖山皆是偶有一節覆鵞毛不能節節如仰鵞毛也若自分龍以至穴山自山頂○穴山之頂以至穴唇無一節一毀不如仰鵞毛自然發福○此論仰

或曰前言辯眞假以分歛仰覆向背合割入字今止就

仰覆二字斷地之眞假則彼六字可不用乎曰無矬無平如急牽線覆鷰毛者非無个字必假个字非一邊反背必無背無面非半山無暗翼而割肋必穴前少圓唇而割脚若節節揆揆有矬有平如仰鷰毛者必有个字分金之面外背內面之砂出唇吐氣合而不割故囙此可參彼六字非謂可遺彼六字也

覆鷰毛
面

背

立面
仰鷰毛

背

眠面
仰鷰毛

背

急牽線

面

背

略寬牽線

面

背

極寬牽線

面

背

短寬牽線

面

背

塌頭削脚

面

背

突胸飽肚

面

背

垂頭之形正面難畫故畫其側面然諸圖亦僅繪其彷彿在學者潛心理會耳

向背○此篇論護砂之向背以證龍穴真假

何謂向背蔡氏曰向背者言乎其性情也予謂無向背則不見性情無稜角則不顯背面稜者分開大八字有弦稜也大八字之邊弦有稜微起角者明肩護帶之稍如月角也如手臂鷲毛之側起外背內面而相向爲有稜角內背外面而相背爲無稜角或如手臂鷲毛之覆與仰而不向不背亦爲無稜角外背內面而有稜角者抱來固爲向豁開亦爲向如蓮花半開時固向其心至謝時而花瓣垂下亦未嘗不向其心內背外面與無稜角背面者豁

閈固爲背抱來亦爲背如鄰菜之葉與我菜心相遠固是背我卽蓋過我菜心之上亦是背我蔡氏曰觀形貌者有得其僞觀性情者得其眞原其向背之故只在分之處眞假辨之觀花瓣菜葉無一片不向其心則可通其說矣花瓣菜葉之必抱向其心者以其從根蒂分出自相護衛也不然則必有參雜之勢分立之形何能片片外背內面而相向乎是以知眞分者護衛自巳故向而不背假分者羽翼他人故背而不向或雖不羽翼他人亦不護衛自巳而爲閒散之砂故無向無背也夫花與葉之生氣不可見觀花瓣菜葉之相向而知其生氣在于心地之生氣不可見觀大小八字之相向而知其生氣

在于內語云下砂不轉莫尋龍其即向字之謂乎但上
砂向易下砂向難得下砂向則上砂不患不向必有地
矣○下砂逆轉定有眞結其上砂自然相向若上砂向而下砂不向者非真穴也此一語豈非
尋地捷法乎今人不識轉字卽是向字背來駝我者悞
認爲轉無背無面而生轉抱來者○砂脚向外砂體曲轉處似內抱也亦
認爲轉觀形貌而不察性情烏能得之○以上論明眉護帶兼及上下
砂總以分之眞假別其向背至于六大龍方行而未止之處只一重下
砂眞面向裡亦未足恃楊公所謂纏龍尚須觀疊數一
重恐是葉交互三重五重抱回來方是眞龍腰上做也
○此論龍身行度他如朝托侍衛及水口砂星辰之向背則與
此稍異亦以分大小八字腰軟而肚不飽外背內面者

爲向無大小八字肚飽而腰不軟內背外面者爲背即非背來駝我無正面之眞情向內者亦爲背此皆不關地之眞假但減龍之福力○此論衛護開鉗星辰若後龍星辰之大小八字不相向或有一邊向人者爲假龍穴山之大小八字不相向或有一邊向人者爲假穴後龍之大小八字相向而兩邊送從纏護砂有一邊不向者雖是龍必非正龍兩邊之送從纏護背向而穴山之大小八字有一邊不向者雖有穴必在他處穴山大小八字兩邊送從纏護背向而朝山不開面相向者必是枝龍而非正榦水口山不轉面向裡者必是借用而減福力水口山有不向內者穴中不見亦可○此論龍穴纏護兼及朝案水口山祖山分龍兩邊岡阜向

多者龍旺橫龍降脈背後孝順鬼逆抱者穴眞○此論分龍處之護砂兼及橫龍後鬼入穴見向而遠觀似背者非龍遠觀似向而入穴見背者非穴外不像背而內有稜角相向者可取外雖似背而內無稜角相向者可棄不向左不向右而節節鵞毛⿰鬲亢再得左右砂相向雖旁龍亦可取裁或向左或向右而形如側手臂左右砂更有一邊背我并本身亦爲砂體本身龍虎向而外層背向者地大外層不向而本身龍虎向者地小○此論體認內外遠近之向背分別龍穴真僞大小有等龍虎氣旺矅氣飛揚自本身龍虎一向之外即飛揚而去得總纏護水口山面面相向而抱住其飛揚之砂者反爲大地此當求之尋常識見之外然亦當觀其

祖龍何如若祖龍行度節節開面而分龍出帳過峽之處兩邊迎送纏護重重相向者方可○此論曜氣又有一等龍身於始分再抽之際兩邊護從岡阜向者甚多至結穴處但得水纏並無護從只有一股陰砂僅堪蔽穴亦爲大地○有水環繞不嫌護砂微薄故向背之本在分龍作祖之處穿帳過峽之時而到頭之向背特其標耳○此論結穴護砂單薄蓋指出洋旺龍而言若山谷結地應以到頭眞向多者爲貴又有一等旺龍枝枝結果節節開花一局之中結數地數里之中結數十地其砂必各自顧穴何能層層向我而不背多有成魚尾砂作兩邊之護衛只好論其本身之枝葉不顧人而向自已有星面穴面便是美地其外層皆自去顧穴何能向我只要借用得着

湊拍得來像個局面不斜竄壓射便佳亦仍以眞向多
者爲勝○此論旺龍結穴 又有一種怪穴後龍之開面垂頭臨
穴之結臍吐氣甚眞○結臍詳乳突窩鉗篇 而龍虎狀貌反背而
去是皆著曜氣飛揚 以常見論之何能成地及細察之其反去之
處有隱隱褶紋抱進或層層石紋裹轉者亦成眞穴如
反肘粘高骨鷺鷀晒翼雁鵞反翅諸形是也然非蓋堂
之證驗垣局之會聚者不可○大地方成垣局中小地只取唇口堂砂爲證○此
論龍虎反背
坤道珠璣曰衆山拱向似乎有地然要辨其眞假既曰
拱向復有眞假于何辨之在乎識背面而已楊公曰若
是面時寛且平若是背時多陡岸凡山之拱向者果皆

有寬平之面在前更有陡峻臃腫之形在後乃見面向我背在外是眞向也若反此而狀雖向我其實無面便不爲眞向向主山不眞主山便不結地故看地當內看外看也內看者立于作穴之處看四面之山及本身左右皆有情向我否若衆山無情向我便結穴不眞外看者四面之山儘有穴內見其向我穴外觀之乃反背無情走竄他向穴中所見向我者便非眞面向我者假便非眞地故內看不可不外看也但形貌背而性情向者外觀雖反背內觀則有情龍穴砂水件件眞的又不可執外觀之法而概棄之蓋大勢反去爲形貌背石紋裏轉爲性情向如上所云鷺鷥晒翼等形是也故石紋之

向背更宜細看○統篇大旨總以識背而全在察性情爲主真分假分與石紋之向背是性情之顯然者更論及内外看法龍砂向背自無遁形

護砂向背圖

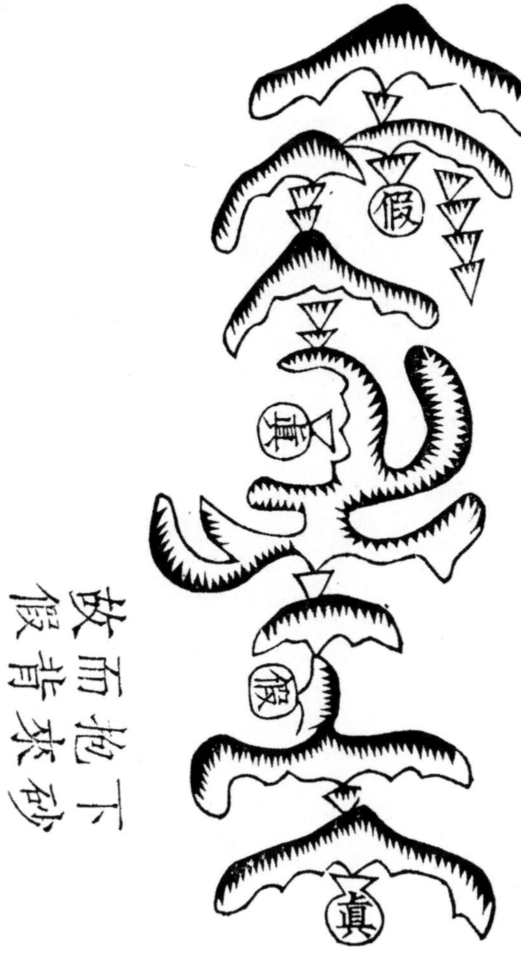

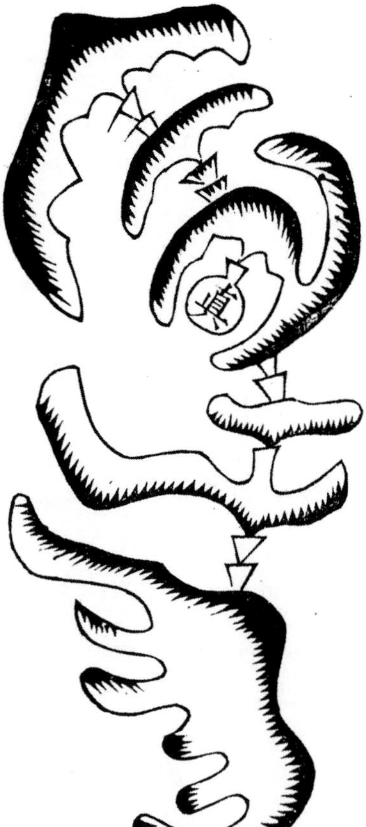

合割○此篇論砂之分合以證水之分合水之割可見砂之斂脈穴眞假均于此辨之

何謂合割曰有分必有合無分而斂者必割但割之義有四如山頂化生腦有蟬翼或肌理刷開之分則水痕必在蟬翼肌理之外分開如入字爲界出脈之水○出脈處有分砂水必兩分水分脈降故曰界出脈水若無此分水必夾脉而透頭謂

之割脈水○頂前無蟬翼肌理水即透頭半山突泡有金魚砂之分則水痕必在金魚砂之外分開如八字爲界行脈之水○穴頂前蟬翼肋下之水在金魚砂外分開所以界脈而行故曰界行脈水若無此分水必夾脉而扣肋謂之割肋水毬簷有蟬翼肌理之分則水痕必在胖腮外分開如法令紋之合于頷下○此從金魚砂肋下分出繞穴腮旁而合於唇下爲界入脉之水○毬簷有分砂則穴腮圓胖水于此分脈從此入故曰界入脈水若無此分則穴腮必不胖水必夾脉而斜合于頷下謂之割脚水○有毬簷而無蟬翼肌理之分則穴腮不胖穴後兩水直來斜合唇下即是割脚按以上論分水爲主故從山頂說到臨穴或穴旁少一邊蟬翼○指乳突穴言而隱隱界水在唇内斜過○穴旁一邊界水向唇上斜流是割脚而過或餘氣不從本身鋪出○餘氣從穴間鋪出者眞詳三卷裀褥唇毡篇内或左或右反

高起鋪來○此一邊界水在穴前斜來或兩邊俱高起鋪來而隱隱界水在餘氣內合○穴前餘氣不眞兩界合于餘氣之內爲割脚而合或窩鉗穴一邊牛角砂非本身分出界水穿膊斜流穴畔總謂之割脚水○乳突少一邊蟬翼砂界水從穴後斜來窩鉗少一邊牛角砂界水從穴旁斜流以及餘氣不從本身鋪出界水或一邊或兩邊鋪來合於餘氣內者俱是割脚故曰總是割脚水或大小八字一臂○指穴山言被旁頂之砂自外揷入其枝縱縫中必有水痕穿入謂之割臂水割脚割臂不必兩邊齊犯卽一邊犯者斷不成地其割肋水間有不忌者必山頂與穴旁之蟬翼俱全脉路如寬牽線之軟○半山割肋因無金魚砂得脉路如寛牽線者水從毬平兩邊分去故可不忌旁砂如花瓣之極向其透頂割脉水後龍只犯半邊亦間有不忌者必穴山頂上之大八字

半山之金魚砂到頭之穴面唇裀俱全脉路如寬牽線之軟左右砂如花瓣之相向但割肋不忌者不拘後龍穴山數百中嘗見一二若透頂割脉之水只犯半邊不忌者後龍數百中亦嘗見一二在穴山則少見割肋穴山可犯透頂割脈穴山不可犯犯此者如人少一眉一目如花少一葉一瓣必非本體定有損傷須仔細詳審不可以爲當然而漫取之割字之義盡之矣合者眞地有兩水合假地亦有兩水合上○上有分而下有合者眞無分而下有合者假合固不可無水亦不可全憑水之合也只有兩砂兜收爲合但眞地有兩砂兜收也假地亦有兩砂兜收○穴後毬簷分明穴前圓唇托起兩砂兜收其唇者爲眞否則是假合固不可無砂亦不可全憑砂之合也○坐窩亦有兩

西泠印社

砂兜抱惟有圓唇之兜收乃可稱合之眞蓋分合乃氣之行止非中圓背上○中圓即穴暈背上者後有毬簷之分如背之駝出也兩邊拖下之分氣胡爲而行非中圓背下○暈前圓唇托起如背之駝出故曰背下兩角收上之合氣胡爲而止分如上弦之月魄合如下弦之月魄分如鼻旁之法令合如口下之下頷分如臍上之胸肋合如臍下之小腹而月之心腹之臍面之人中是分合之中心爲生氣聚處故穴旁隱砂兩角拖下而未收上是氣行而未止兩角收上而不拖下是氣止而不行但圓唇之內要平如掌心而可坐匝水○圓唇內平如掌心處即是小明堂可坐匝水者言暈旁周匝水聚于此也圓唇之邊要有弦稜方平有而不削水設如龜背牛鼻而水分水削雖兩角收

上亦非眞合（如龜背牛鼻則無如掌心之小明堂脈何能止）然有圓唇之合而兜抱其唇之兩砂又不可少不然大界水扣割而來謂之有唇無襟（無兩砂兜抱其唇則無合襟之水為割襟）故論合者常以圓唇之合為主次及砂之合水之合可也但水有三合一名三叉水（合者相交之義叉字相交之形三合故曰三叉）毬簷之前圓暈之旁有隱隱水痕合于小明堂者為一合水（即蟹眼水）半山金魚砂之肋下分小八字水遶穴腮旁而合于唇下為二合水（即金魚水又名蝦鬚水詳後卷巒面篇）山頂前蟬翼肋下分大八字水繞金魚砂外合小八字水繞穴腮外而共合于內明堂者為三合水（即蝦鬚水故此論合水為主故從毬簷說到山頂但前言山頂分水全化生腦蟬翼外此言合水在山頂蟬翼肋下分來雖立說不同實則一從砂背來一從砂面出至下則合而為

之一內予同流只此一重水耳惟貼大痕影水自成分合不與蝦鬚二水聯屬閱附圖自明此三合水雖無水長流均有隱隱薄溝跡龍虎兜收者必有交襟之水其合易見龍虎綽開與無龍虎者山麓一片坦平又無交襟之溝惟有明堂低處可意會其合低則水聚即是合處三合水之起溝處即是三分水流注之源故有三分水必有三合水不必定有明水交處方為合也其有明水交者除本身有龍虎外龍虎界深故有明水惟隨龍大界水合于外明堂然此水橫局合於左右逆局合於背後順局合於穴前本身有餘枝數里者其水合於數里之外不可必兩水大合處為正龍蓋盡結也

右圖正龍腰結有餘枝故兩水大合數里外

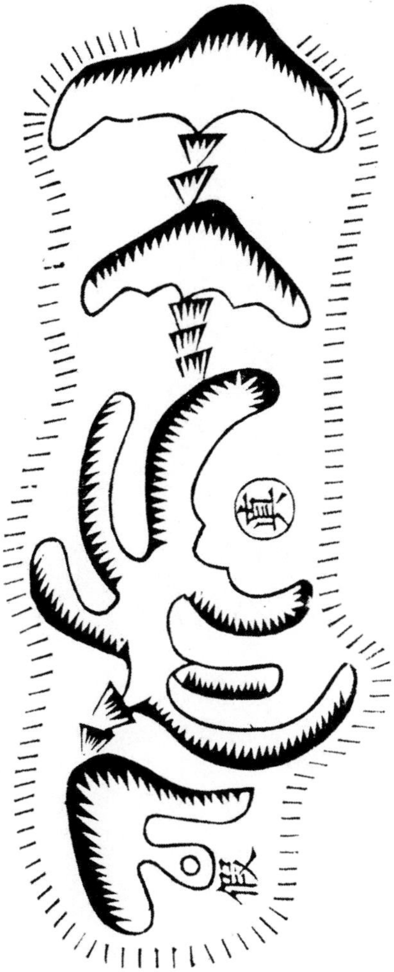

陽脈結穴之圖

毬簷背上

收王

陰脈結穴之圖

圖唇背下

附正體星辰分合水之圖

附乳突穴分合水圖

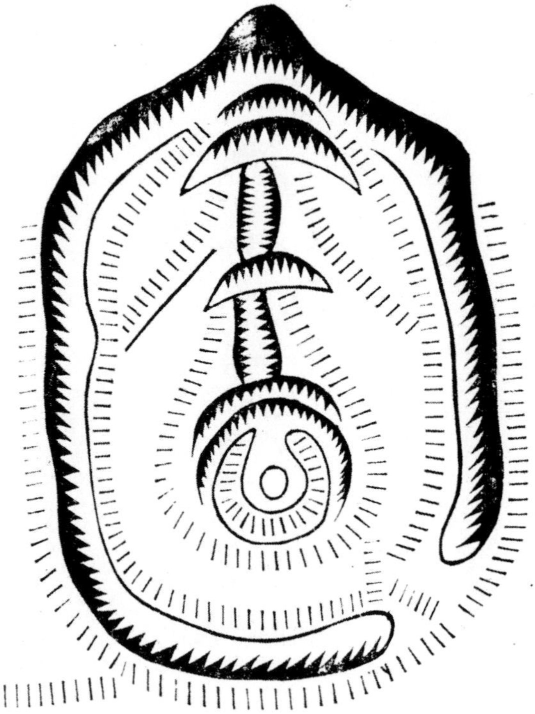

附窩鉗穴分合水圖

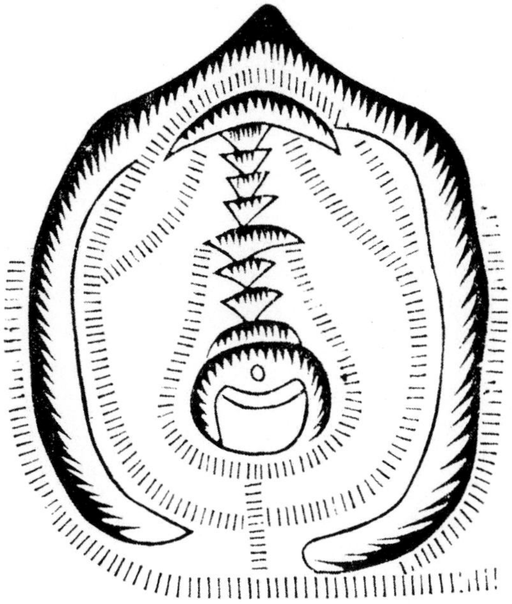

右三圖第一分從山頂蟬翼肋下分來卽蝦鬚水第二分從牛山金魚砂肋下分來卽金魚水亦名蝦鬚

水第三分從毬簷下穴暈兩旁分來即蟹眼水三分水合于小明堂爲一合水二分水合于唇下爲二合水一分水合于龍虎内之内明堂爲三合水隨龍大界水合于龍虎外之外明堂此指正體開腳星辰穴山高大地步甚廣脈路牽連長遠者而言若穴山低小脊脈間斷本身不開口穴結山頂靨處與側鉗邊鉗穴法惟有貼穴小分合水然亦有股明股暗之不同其第一二重分水在後龍過脈跌斷處見之如開腳星辰龍虎有饒減而穴山地步無多者蝦鬚金魚二水或邊分邊併唇下亦不能定有兩重會合蓋山體不一穴法多般前圖惟繪其規模在智者善於窺

測耳至內外明堂之水皆會合而流惟小明堂水本
屬微茫雨過滲入土中設遇大雨溢出從唇上直流
者卽是破唇

附橫龍穴分合水圖

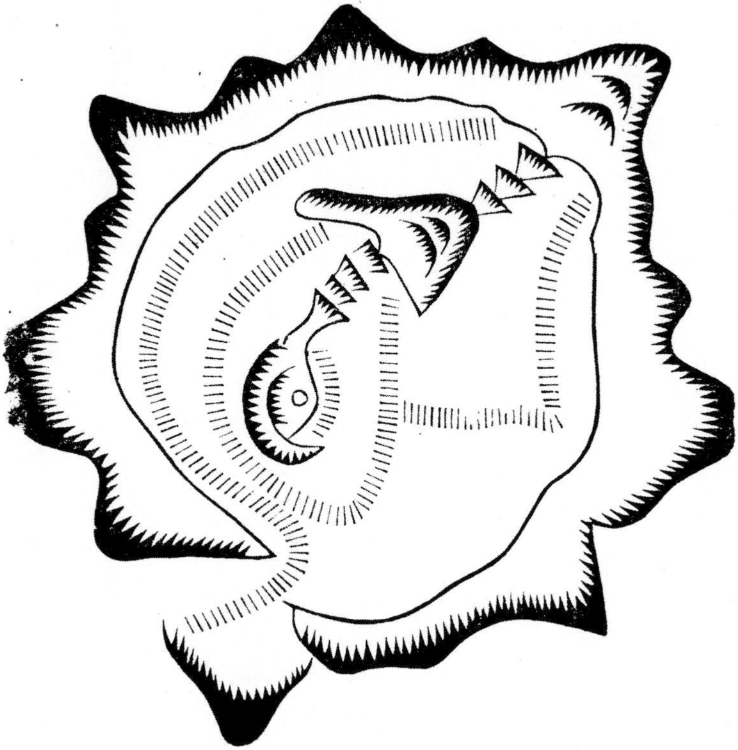

附邊窩穴分合水圖

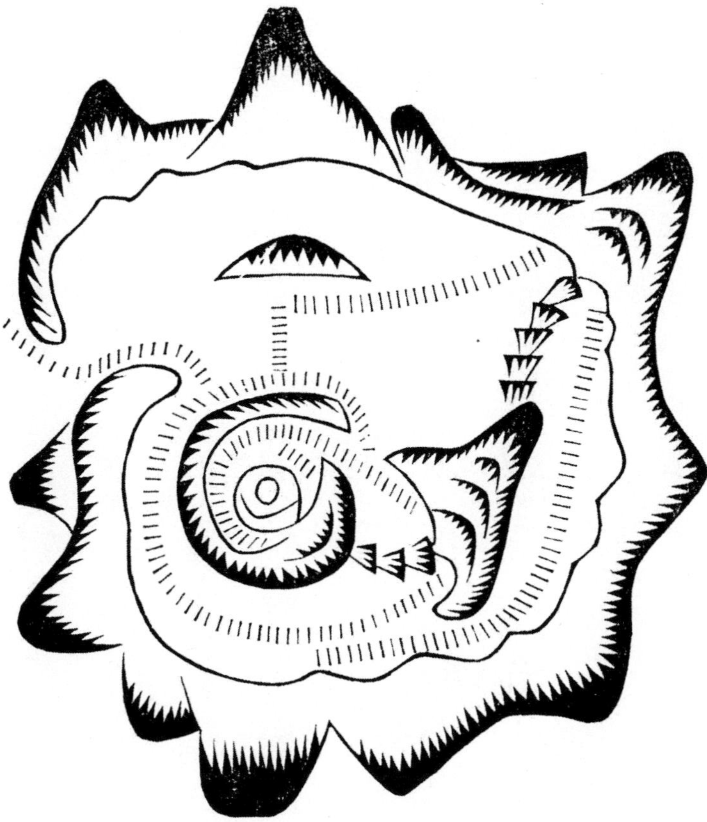

縱横○論開帳過峽後卷各有耑篇此下二篇因論佔地步而言其大略

何謂縱横縱者龍身委蛇起伏向前奔行也横者開屏列帳兩旁分佈也二者均不可少然佔地步偏重于横蓋惟有帳能佔地步有蓋帳羽翼者爲龍無則爲砂蓋帳大而羽翼多佔地步廣者爲榦龍蓋帳小而羽翼少佔地步小者爲枝龍大帳前垂兩角包裹重重小帳于内力最大包裹開面星辰次之但豁開而不包者又其次也一縱一横爲十字帳借縱爲横爲丁字帳借横爲縱爲偏出帳邊多邊少爲不均帳其勢張揚飛舞者龍行未止收斂回頭者龍行欲住是大小行止皆辯于横也但行龍直來而横開者無幾大都借縱爲横借横爲

縱者居多況縱橫互借閃巧轉身層見疊出地步始廣枝葉方茂結作多而力量大若直串而來旁分枝葉縱橫不借者一龍只結一地○上言直來橫開者即十字穿心帳惟大榦龍有之此言直串而來者乃無帳枝龍

收放

何謂收放收者跌細過峽也放者放開枝脚也大極收小小極放大陰陽變化傳換之理纏護迎送開帳皆放中之事攏龍之鶴膝蜂腰支龍之銀錠束氣皆收字之別名蜂腰旁之蟬翼銀錠旁之陰砂乃放中之至小者蓋不收則氣散而不清健不放則氣孤而不生長猶火筒與風箱必小其竅而風力始健又如草木必放開枝葉而花果方成故善

觀地步者必于峽中觀之李氏曰跌斷非峽謂夾以兩山而無迎送之砂雖跌斷不爲峽○行龍跌斷多者前途結作必眞惟跌斷而不開面中間無微高脊脈此去定無融結不惟不得爲峽也謝氏曰無關不成峽謂峽旁無水口又無迎送交鎖之砂以關其峽水也何潛齋曰神仙地理無多訣未用尋龍先看峽峽中須要有明堂内峽外關堂氣結結得深時垣氣眞結得淺時垣氣泄言峽有迎送關鎖砂兩旁自有聚氣明堂方爲好峽結之淺深者謂迎送關鎖砂之多與少密與疎也觀此則峽中地步可見矣

附迎送關鎖過峽圖

偏全○此篇論垣局大小下篇論龍水聚會申明佔地步之意

何謂偏全兩邊皆大江大河夾送而垣局水口纏護蓋托皆本身自帶者爲全局而地步廣一邊大水一邊小水夾送或兩邊俱小水夾送而垣局水口纏護蓋托半借外來湊拍而成者爲偏局而地步狹全局偏局之中又各有大小數等可推而知夫纏護蓋托不假外來湊拍者數百十之中猶有一二垣局水口欲其不假外來湊拍者非大榦龍不能故天下全局最少偏局最多

聚散

何謂聚散曰龍身垣局明堂俱有聚散不但砂向水繞爲聚砂背水走爲散也龍身之聚散以𡺲論龍之來也

如層雲疊霧合氣連形遠大者千百里近小者數十里横亘綿延或以五星或以九星聚而不分謂之聚講○來龍至此旺氣一聚羅列羣峯故曰聚講即太祖也既聚之後分枝劈脉榦從中出枝向旁行過峽穿帳兩邊各起峯巒或天弧天角或旗鼓倉庫叢聚拱護謂之行講來歷既遠必有住處如貴人登堂僚佐屬官排列拱揖又如行人抵家骨肉團聚謂之坐講有此三講其龍乃旺不然孤單無從非散氣而何坐講之處即垣局之所四面八方之龍皆于此住四面八方之水皆于此會者爲大聚一二面之龍於此住一二面之水于此會者爲小聚千百里之龍于此住千百里之水于此會者爲大聚數里數十里之龍于

此佳數里數十里之水于此會者爲小聚不論大聚小聚終是大家所共還須各立門戶自成明堂以爲貼身眞聚方可門戶者龍虎近案水口下關也要外背內面相向有情明堂者穴前之小明堂龍虎內外之內外明堂也內明堂即中明堂在龍虎內外明堂即大明堂在龍虎外要不傾不側窩中水乎容聚蔡氏曰大勢之聚散見乎遠穴中之聚散見乎近二者有相須之道焉故大聚之中有數十龍並佳小聚之中有數龍並佳均有門戶明堂亦皆成星開面或嫡傳反隱拙支庶反魁梧欲辯其孰輕孰重須觀其始分再抽之處始分者分龍出身也再抽者分龍之來再起高大星辰也護從岡阜向者多而出于聚嶙行嶙之中榦者爲最貴不然雖居大聚之

中只得小聚之力故善觀地者於始分再抽之處已知其得水得局之概矣

西泠印社

山洋指迷原本卷一終

山洋指迷原本卷二

周景一先生著　　姑蘇俞歸璞
山陰吳卿瞻　增註

開面異同

或曰五星九星千變萬化豈一開面盡之乎抑開面亦有不同乎曰星辰雖變態多端而眞假只决于開面如貪巨武輔太陽太陰天財紫炁金水等吉星不開面則凶破祿廉文天罡燥火孤曜掃蕩等凶星開面則吉蓋吉凶不决于星體而决于開面況星辰之變不可勝窮惟開面自合穿落傳變之吉格不開面則成粗頑破碎之凶龍但山之開面有隱顯橫偏閃蠻深淺大小多寡

特降牽連開肩乳突窩鉗之不同耳此而明之雖千變萬化無不了然矣

按廖公穴訣云穴星又有八般病有病何勞定斬首折痕項下拖碎腦石嵯峨斷肩有水穿膊出剖腹胸長窩折臂原來左右低破面浪痕垂陷足脚頭竄入水吐舌生尖嘴此是星中大有虧悮用禍相隨穴面又有八般病有病皆惡症貫頂脈腦上抽墜下脈過脚行綳面脈橫數條飽肚脈覆其(箕)樣受煞脈帶石來斬斷脈坐下崩吐煞脉長死硬失序脉不分明莫言立穴太精詳凶吉此中藏是皆不可不知者故附錄於此

隱面顯面

隱面者卽正體星辰分隱而脉亦隱故謂隱面以其得生體之正形故曰正體如覆釡鍾蝢筆笏列屛几之類是也顯面者卽開脚星辰分顯而脉亦顯故謂顯面以其大小八字停落脉井然有條故曰開脚如人展臂如同開翅如菜葉之護臺是也二者雖隱顯不同頂前俱要有化生腦節包隱分顯分背面稜角八字不可邊有近無星辰不可邊凸邊陷如上卷所論分斂仰覆向背合割之宜忌則一但正體星辰最忌脉春透頂爲貫頂界水透面爲破面開脚星辰則有忌有不忌者若山頂前化生腦有蟬翼界水在蟬翼外分開而不扣肋透頂

之脉如寬牽線者不忌若無蟬翼界水扣肋透頂之脈如急牽線者卽爲貫頂破面蓋顯面之脈要如寬牽線軟迤而下有大𡍼太平方隹或有顯明突泡起伏者更妙隱面之脈要如泥中隱鱉灰中牽線頂前微𡍼𡍼前微平平前微凸隱隱躍躍脈出隱八字之叉口而隱八字之分心即脈之中心个對个而來者方眞若無𡍼平而一條眞下〇于顯面之脈言或糢糊飽硬者〇承隱面之脈言俱無融結

正體星辰除大八字顯分外但有肌理隱分不必護帶蟬其卽有亦在依稀之間〇正體星辰落脈隱微故但有肌理隱分開脚星辰之須有蟬翼護帶顯然可見卽無護帶必要蟬翼此爲異耳

橫面

撞背直來人所知也然龍之轉身最多有方直行而脈忽橫降者有方橫行而脈忽直降者總爲橫面其大八字卽以來去橫岡爲之不似撞背直來者自分大八字然亦要近身有大八字之稍垂下對着不知其爲橫岡而像大八字方眞起翼顴○大八字兩眉如鳥翼分開眉上突起如顴是也而垂下長者爲有力大八字之外又有護帶豁開而相向者爲妙護帶多者更佳○大八字外護帶帶指來龍枝脚說護帶多者可證龍力之旺但來水邊之護帶不患不相向而患不豁開一順歛者非眞歛○從來水邊直生反無抱向之情去水邊之護帶不患不豁開而患不相向一順背者卽假○向去水邊反背而去蟬翼肌理之分

亦然橫降處無大小護帶者乃大龍方行之際非大聚之處何能結地若大龍將盡未盡枝枝結果之處雖無大小護帶得貼身有小八字之分成分金之面有𡍼有平而降○大龍方行山體粗老橫降處無大小護帶必無真結若龍身脫化已淨砂水聚會之間但得小𡍼小平橫降者氣脉已旺故不必有大小護帶前途博出大八字之星辰者亦能成地但力不大橫面亦有隱顯二體當與隱顯面篇參看○大龍將盡無大小護帶橫降者須得後龍有大八字星痕但係分結故力不大以上論降脉以下論穴法凡橫龍結穴

而有降脉者不論有頂無頂凹腦均不忌後宮仰瓦氣鍾于前故也○氣鍾于前有脉降下結穴處自有化生腦故上面有無起頂與後宮仰瓦均可不論惟無降脉而貼脊橫担結穴者忌頂之無○有頂者為橫担貼脊者扞于山脊𡍼前平處因無降脉故穴後均宜有頂其凹腦全無落脉背後不

仰瓦者反假○元真子曰天財兩頭聳峙護托高穴在担凹取仰瓦者大全云橫龍天財穴氣處于前多後宮仰瓦取兩邊生來孝順鬼也然須龍虎近案蟹眼昏毡俱全後有鬼樂方眞若但如銀錠束腰者是過脈之所何能融結起頂平頂者○承上橫龍無降脈者言平頂者頂如一字之平駝背亦可仰瓦亦可○橫龍穴後有頂無論駝背仰瓦均可扦葬須知直龍結穴更不可無無所謂穴不起頂非眞穴也得背後有逆轉之下砂外背內面如孝順鬼者爲眞○橫担貼脊駝背仰瓦雖可不論但鬼樂必不可少蓋橫龍要四伏不牽前後左右砂俱回頭相顧而不他向也背後之下砂不轉則尾搖而未定○下砂不轉龍勢尚行故曰尾搖撼龍經云問君何似知我行尾星搖動不曾停是也龍巳住者則不拘此縱龍勢尚行開面眞者亦不拘此但不如背後砂逆轉之力重○橫龍穴背後下砂逆轉者是正結不轉者是偏結其背後之樂托抽出一條轉面向裡者亦作鬼論○穴後另起之山有峯高峙爲

樂低平而不抱左右者爲托若樂托之山生出一枝環抱向穴者撼龍經稱爲陽帶鬼故曰亦作鬼論順水向外者兩邊俱是橈棹○橈棹即枝脚兩邊者一指樂托抽出之砂一指穴山言本身亦是砂體也今人見雪心賦忌後宮仰瓦每將眞地悞棄而後面之橈棹竟作鬼論故表出之如橫龍有降脈者原不拘後樂有無惟無降脈而橫担作穴者必須托樂○橫担穴近于山脊後無托樂不免孤寒有等橫龍降脈處不惟無頂反生凹潭如小窩近窩之背上微峯一線之脈隱隱從凹潭中出落下一段方起小突爲化生腦山下對看只見其腦不見其凹此化陽之極而生起此腦下面結作必眞如悞扦上面窩處卽是傷龍○此論橫龍有降脈之變格蔡氏曰橫担橫截無龍要葬有龍○神寶經曰貼脊平頭脈短此故當插入而扦亦此意也

爲無降脈而貼脊結穴者言若有數丈降脈當與直撞直奔者一體裁制慎勿提高鬪煞其橫擔結穴者亦要有化生腦○貼脊全無降脈橫担略有矬平故宜分開扦於化生腦下此以腦爲毬簷者也金面有矬有平圓唇托起不然雖左右有情無益

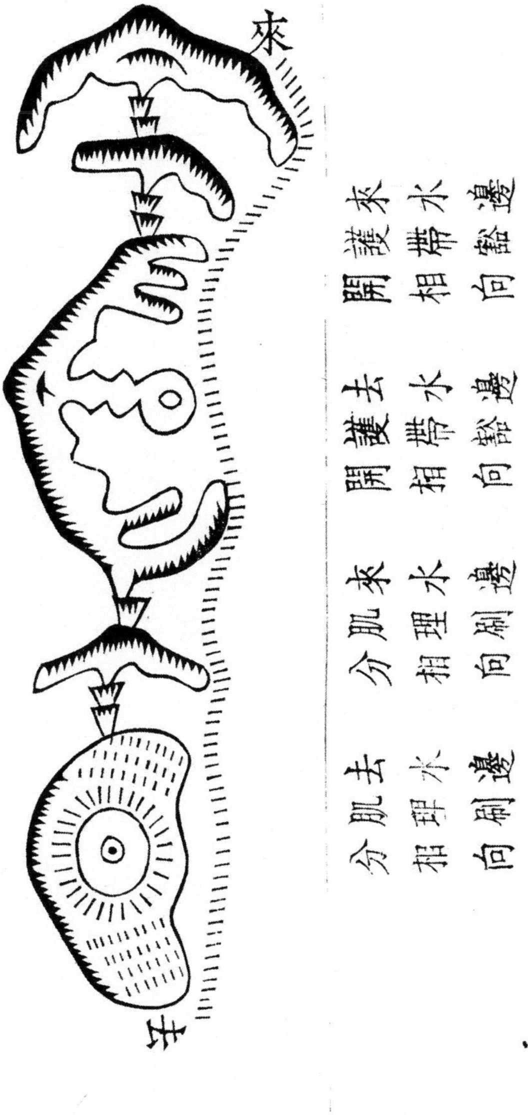

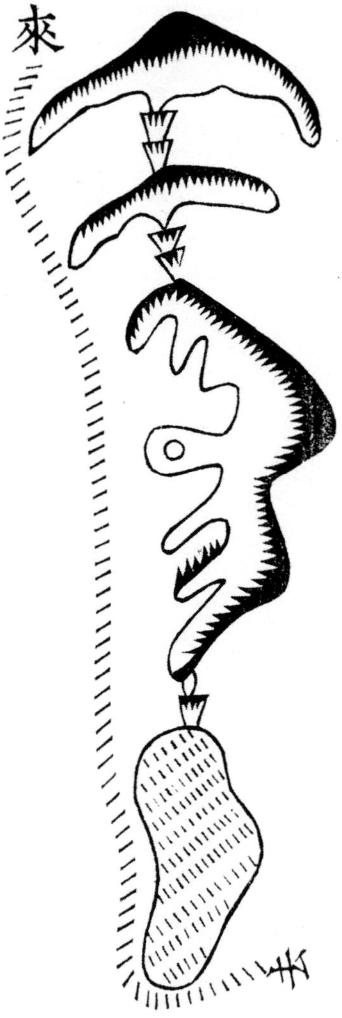

相帶來　向斂水　假入邊　雖護

下帶去　砂反水　不背邊　轉即護

理來　斂水　入邊　假肌

理去　反水　背邊　假肌

背後下砂逆轉

後鬼無
情反假

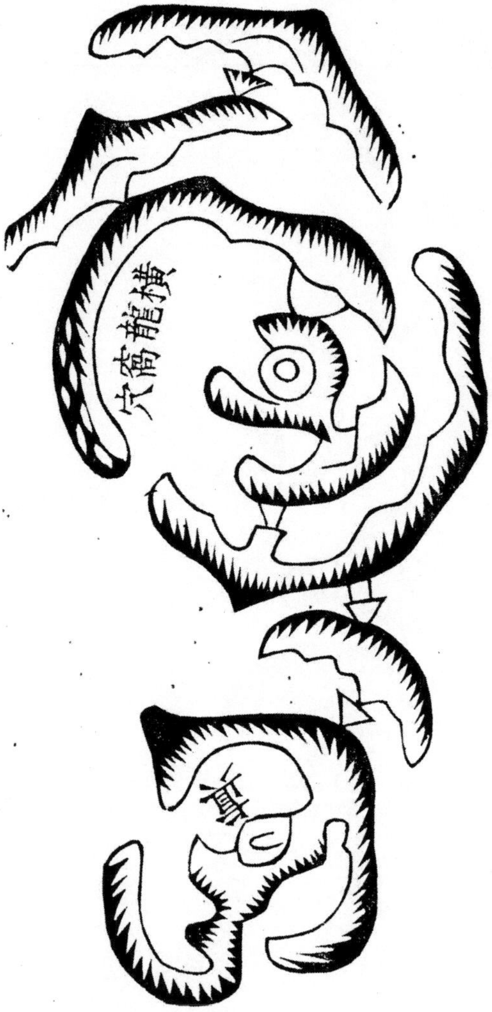
穴高龍橫

偏面

對頂中出人之所愛然龍之偏降最多有偏至肩臂出脉者有偏至掌後腕骨出脉者有橫來巳起中頂然後偏過一邊肩臂出脉者有尚未起頂先從肩臂出脈者皆爲偏面其自中頂偏過左右出脈者中頂不必分个字下來即借中頂那邊一股配我這邊一股爲偏中个字之丿乀只要貼身有蟬翼或肌理刷開分成金面于大八字之丿乀半邊而近中頂邊之砂豁向中頂邊去者爲眞若歛向出脉邊來便假偏面亦有隱顯二様當與隱顯篇參看其偏出中出之輕重後有耑篇

偏降之圖

附圖

中頂砂豁開相向真

中頂砂斂向出脈邊來假

閃面

子微曰眞龍閃巧轉身多豈惟直串爲可據言龍之閃也楊公曰悮葬每因求正面不扞渾是葉偏頗言穴之閃也蓋閃龍如瓜果不結于正幹之身而結于子籐子枝之上閃穴如瓜果不結于子籐嫩枝之正而結于子籐嫩枝之旁故山脊中出而穴每旁扞山脊橫飛而氣每直出勢遠奔而腰間潛渡形顧內而腕外偷踪有頂而透漏于無頂之處有脊而潛隱于無脊之坡非故閃以示奇亦勢之不得不閃也蓋有脊處硬不得不借脊爲出煞之所而別閃于軟處對頂處死不得不以頂爲分開之砂而旁閃于生處生氣喜包藏而山之盡

處抛露不得不接閃于中腰生氣喜止聚而山之盡處走瀉不得不抛閃于平地䏧内堂氣傾側不得不走閃於䏧外之聚處正身不開面不得不偏閃于旁枝之開面處大抵閃脈之出無正項之起無大八字之分無脊脈之露惟有隱隱分金之面微微燃平一呼一吸之動氣可細察而得○動氣詳乳突窩鉗篇然閃龍來處無開面星辰疊出者不眞閃穴止處無唇臍堂砂証穴者必僞以是交相驗之閃穴似不難知但星辰與唇臍堂砂無動氣不靈動氣二字雖似難明試將分斂仰覆○此二篇爲認脈穴眞僞之要與葬書乘金相水諸篇○神寶經曰三合三分見穴上乘金之義兩片兩翼察相水印木之情按乘金者乘毬簷金面之中也相水者相水之分合也穴土者穴取坦緩眞且也印木者不拘何

星坐穴左右兩肘必長曲直內抱即貼穴護砂隱顯不同亦必曲直抱穴曲直者木也印者證也細細揣摩○閃穴亦怪穴之類然怪穴總不能逃于分斂仰覆唇臍堂砂之外故教初學者細揣其認龍點穴之要訣也遍覆名墓以証之自可豁然貫通正者如是閃者亦如是矣○此篇宜與偏面篇參看

巒面○此篇論砂水分合處當與首卷合割篇參看

地之眞假只在開面與否開面者粗蠢亦眞不開面者文秀亦假其出人秀蠢在後龍星辰論不在穴山論也謝覺齋曰突金粗蠢號巒脈宜認蝦鬚氣與珠開見節包并梗塊時師休要用心圖若是朗梳鉗面出隨他脈路取功夫此是天然眞正穴如能明得卽無虛又曰巒脈穴法最爲難認取蝦鬚蟹眼安單股水隨纏繞下三

又五度要廻環之水要太粗太蠢皆爲假不開面便粗蠢股明股暗別一般左右枕歸流水取界水明邊扦穴斯文留與子孫看

蓋蝦有六鬚四短兩長離水俱竪起在水則二長鬚豁轉向後如八字其鬚尾畧轉抱身試放活蝦于清水盆中自見長鬚抱轉以蝦鉗爲鬚悞也今以蝦頭向上比穴山蝦尾垂下比山坡蝦身比穴脈蝦鬚比山頂前蟬翼與半山暗翼肋下所分之痕影水除毬簷之分不論外上面分一重暗翼當有一重蝦鬚○穴山有一重分砂即有一重分水若連毬簷之分有三分而入穴者當有兩重蝦鬚水○山頂蟬翼半山金魚砂臨穴毬簷此砂之三分也一重水在山頂蟬翼肋下分來一重水在金魚砂肋下分來金魚水又名蝦鬚水故曰兩重蝦鬚但入穴一重爲最要○此從金魚砂肋下分出即毬

簷後之分水穴之真假全在乎此以上論分砂以證分水以下論分水以證分砂蓋第一重蝦鬚水當在山頂前化生惱（腦）之蟬翼肋下分出○註詳首卷合割篇要半山微突之暗翼逼開使其如八字樣繞金魚砂外而下若頂上無蟬翼半山無金魚砂界水必夾脈透頭扣肋一直而下何能如蝦鬚之分開第二重蝦鬚當在半山暗翼之肋下分出要毬簷之胖腮逼開使其如八字樣繞穴腮旁○穴腮即毬簷之分砂而合于內明堂若半山無暗翼毬簷又無胖腮界水必扣肋夾脈割脚直下又何能如蝦鬚之分開故蝦鬚之有無在暗翼穴腮之有無主之半山暗翼所分之水又名魚腮水蓋暗翼之貼脈如魚腮之貼身暗翼肋下之分水如魚腮之吐水也然

一矬之下無還亂之平則水不分故兩旁之暗翼拉下而低垂中間之脈路一平而頓起肋下方有摺痕如蝦鬚之分去若脈路無矬無平與兩旁之暗翼一齊拉下肋下無有摺痕界水必四散流去何能見其痕影之蝦鬚故蝦鬚之有無又在矬平之有無主之○（以上雜論穴後兩重蝦鬚實論山頂與半山之來脈蓋脈無分水不清也）其平盡之還亂處在山上步來未曾另有高起在下面與兩旁看之必高起一塊總名之曰突泡分而言之微微鋪出如鋪裀展褥之形者曰氣如牛羊乳之垂者曰乳小巧圓淨如珠之流利者曰珠些些突泡生于曲動處如食指根曲轉之皮者曰轉皮橫湧粗濶分節而來者曰節如胞如肚者曰包如

木之條而長垂者曰梗一連數塊而間斷者曰塊此出脉之八般名字珠乳氣皮隱微之脉也節包梗塊顯露之脈也非突金粗蠢山八般皆是好脉在突金粗蠢山出珠乳氣皮隱微之脈是粗中細結作必眞出節包梗塊顯露之脈是粗中粗必無融結（龍粗脈粗即是純陰不化）然果三分三矬三干平而來復有微分微矬微平呼吸浮沉之動氣者雖突金粗蠢之山出節包梗塊之脈何妨（有此陰陽變化不妨脉之粗蠢節論來脈隱顯不同）○此以上八者在半山遮脉爲突泡在臨穴之處爲毬簷毬簷即蟹眼也蓋蟹眼者毬簷之别名欲其圓淨如蟹眼不可破碎欹斜欲其垂突如蟹眼不可塌落不起欲其柔嫩如蟹眼不可粗頑不變欲其

截斷如蟹眼不可陰脊仍吐要人顧名思義故以蟹眼名之楊公曰中有蟹眼的不可轉吳犀精曰落時蝸角轉在處蟹眼垂○蝸角臨穴之陰砂蟹眼垂者毬簷有垂頭之勢皆指毬簷訟論也然不可禿光如蟹眼須要有分金之面詳乳突窩鉗篇○此節論毬簷又謂一滴蟹眼水者○一滴言其乾流之少也以毬前一纍作垂頭之勢必有高低之墈如簷之滴下即所謂簷也其分開之兩角不纍而中心獨纍則簷下必有隱隱微平分開痕影水繞穴暈旁暈前亦必有隱隱微曆可坐凹水○坐者聚也凹者週也言穴暈旁週凹水自毬簷而下兩邊分垂聚暈前微曆處也即所謂葬口也簷下平處爲葬口爲穴暈暈前微曆處爲小明堂是小明堂在葬口內也因毬簷名蟹眼故毬簷下凹水亦名蟹眼水一說毬簷分金開面一纍而脫出隱八字之兩片即

是蟬翼翼內隱隱摺痕水抱其蟹眼故名蟹眼水今人強爲之分以乳突長而脈狹兩邊痕影水長者爲蝦鬚乳突短而脈潤闊兩邊痕影水短者爲蟹眼又以蟹是橫行左行則左眼明右行則右眼明水之股明股暗似之故曰蟹眼水然總是痕影水而已不必多方辯說也〇此節論蟹眼水

單股水隨纏繞下者〇一邊股明痕影水界脈紆徐而下言粗蠢山之痕影水必股明股暗故曰單股三义又五度要廻環者言三合水宜屈曲而去不可合掌直牽無蝦鬚之分則爲太粗太蠢如有股明股暗之蝦鬚又不嫌其粗蠢故曰別一般點穴當就界水明邊以生氣在于薄處故曰左右枕歸流水取界〇水明邊勢自微薄爲蠻面山生動處水繞即是砂抱枕歸流水者亦傍砂點穴之意

朗梳鉗面二

句言粗蠢山不出乳珠氣皮之脈但齊分數股如梳齒形而成鉗穴梳齒稀朗似鉗之處不少當認其鉗中有陽脈者爲眞穴故曰隨他脉路取工夫鉗中陽脈詳乳突窩鉗篇○按謝氏二詩前一首論鉗平突泡鉗面以龍上分砂證脈後一首論單股三叉以脈上分水證穴全篇統解二詩之意但蝦鬚蟹眼及來脈隱顯凡穴均須類推不獨鑾面也

深面淺面

深面者臍腹出脈淺面者胸喉出脈出脈低者星辰莊重雄孤單高聳亦不畏風出脈高者得本身肩翅重護方爲有勢肩翅單薄力輕若無蟬翼貼身脉必貫頂亦有喉頸之下雄起小泡不甚顯露但隱隱而下至臍腹陰囊方出顯然之脈者又不妨高出又有喉頸之下連

起突泡或五六或七八大小相等均有分金之面疊串而下如串珠龍上天梯等格兩邊肩翅齊護者力最大又不可以面淺論之

大面小面

面之大小在大八字之大小護帶之有無多寡別之大八字豁開極遠護帶數重如大菜之多葉千葉蓮之多瓣面面相向肩翅齊開者爲開極大面前去必結大地大八字不甚豁開僅有一二重護帶如小菜之不能多葉單瓣花之不能多瓣但開面端莊而出脈者前去結中富貴地太八字短小而不開張護帶全無一邊止有單股蟬翼一邊有肌理刷開之面而出脈者前去亦結

小康之地此在分龍起祖處定其優劣已經博換之近祖又當槪論小面者有行度牽連之小面有已經脫卸太山而變小山之小面行度牽連之小面不但低小山頭有之高山之上只微起微伏不甚頓跌處亦有之此等星辰輕重不能自主惟視其前後間出之大星辰護帶之有無多寡辯其高下已經脫卸之小面當觀其後龍合上格到頭纏護多者爲大地後龍合下格到頭纏護少者爲小地故面之大小只以祖宗論到頭星辰俱論開面與否不拘面之大小然在山谷分掛之龍仍以開大面者爲勝分掛之龍不開大面則氣勢必弱

開面多寡

龍身雖長不開面者多則力量有限行至不開面處卽止○此因後龍不開面者多故一行至不開面處福力遂止若前後龍俱開面中間偶有一節之疵龍運至此亦衰須行至開面處方興福澤龍身短節節開面發福不小行至盡處而後已然其長短只以分龍處爲始有等大龍行處帳峽已多脫卸極嫩忽起高大星辰雄踞一方開出大面分枝數節便成大地蓋高穴星辰旺氣一聚幹龍雖行而脉于此分落共祖同宗故分龍前去不必長遠其力自大又有大龍行度未止龍身忽嫩雖不起高大星辰卽借大龍本身之盤旋枝脚之輻輳結成垣局大勢團聚於過龍身上分開横面掛落一枝兩邊重岡疊之背外背内面如于瓣蓮之緊抱者雖數丈之脉結作未

常又有榦龍將結省郡數里分落一枝雖數節龍身亦成美地然在垣局中分落爲貴（與省郡同垣局也）若在局外分落必自成垣局方可不然雖旁近省郡力亦輕小以上三者不以龍短面少爲限

特降牽連面

特降者自高山跌落低嶺胸腹甚至跌下平地陰囊有節泡遞生大起大伏而來牽連者但小起小伏頂下不生遞脉節泡或有節泡微微起伏而不多或如鋸齒筆架排來○（筆架形與特降相似）牽連者原宜開面離祖之下不開面無妨特降者總須開面行度之處不開面便假出身處○（分龍之處）最忌牽連必須特降行度處雖不能純是特

降亦不可俱是牽連特降牽連相間而來龍勢方活牽連多而特降少者次之純是牽連雖非砂體亦無力乎岡龍以收放盤旋爲勢不以此論

開肩之面

星體有開一二肩與三四肩者有邊有邊無邊多邊少者或成橫飛三台席帽筆架五腦七腦九腦六甲金水之帳肩愈多愈佳愈高愈貴均停爲上不均停次之顯明力重糢糊力輕中頂尖聳者大貴其肩要自我之大入字一統罩開每肩枝脚面面向我者眞每肩各分入字枝脚散亂不向我者假開肩與不開肩力量相去甚遠五腦七腦九腦六甲龍樓其力最大但撞背而中頂

出脈兩邊開肩均停如十字樣者最少偏過左右一二頂開面出脈者居多只要自內分開面面相向不拘直來橫來惟三台格後龍撞背而來中頂開面出脈者有之其餘罕見

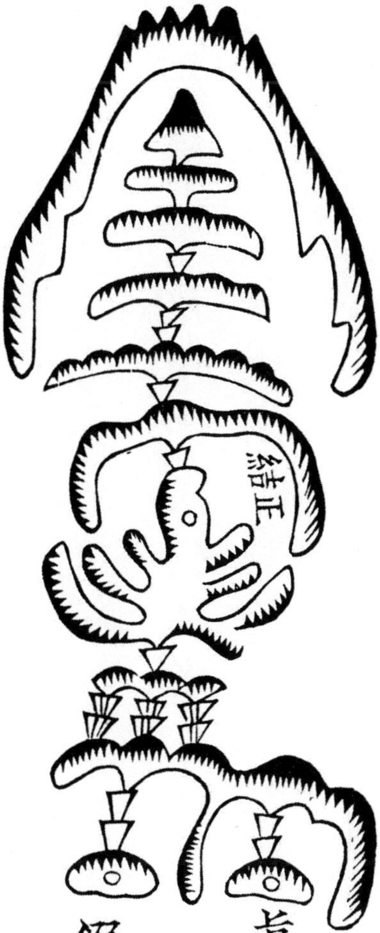

真　假

六甲龍樓六個肩脾也三層只作一層星辰如三層樓然中尖者爲樓中貴人遞下三台五腦九腦俱自内分開面面相向穴結中腰極貴之地自中頂之大八字一統罩開枝脚面面相向者方眞餘枝之則假三台以旁頂各分八字非中頂之大八字一統罩開假五腦勢趨左角故結小地中出者無个字左砂反背假

乳突窩鉗面

長者爲乳圓者爲突出于分隱脈隱之面中如龜鱉戴泥之狀者名隱乳隱突出于分顯脈顯之面中如垂鼻覆拳之形者名顯乳顯突隱者氣嫩只要在个字分金

之面中有趖平而來雖不再有脫卸卽可以嫩乳嫩突爲入穴之毬簷顯者氣老雖在个字分金之面中有趖平而降必須再有脫卸另起貼身微泡方可爲入穴之毬簷夫毬簷者非比來脉上高起一塊卽謂之毬簷也○以下論毬簷以毬後分開之蟬翼無一趖之峻作伏落之勢便無還亂之平作泛起之形是以兩邊拉下而低垂○毬後無趖平便不分蟬翼惟中行之脈路有一趖之峻作伏落之勢於平後故有還亂之平作泛起之形於趖前是以中心頓起而有突若無蟬翼低護于毬旁無趖平于毬後雖有突泡之起亦非眞毬○突泡無蟬翼非毬有蟬翼方得穴腮圓胖蓋毬旁有蟬翼之分毬後有趖平之脉方有痕影之蝦鬚水在

蟬翼外分出而合抱其圓唇脈始清而活氣如動而止也○半山有突泡又有毬旁分出蟬翼之背遍開痕影蝦鬚水方見來脈之清再看其分出之水合抱圓唇者若更見真氣之止謂之毬簷者○以下合論毬簷一字有一義兩義合一物也自其氈前平盡之處有突起之項言之謂之突自其頂前分開之下有氈落之坳言之謂之簷無毬則生氣不聚無簷則葬口不開但毬之突起處脈猶未止也毬猶未化也直待毬前有分開之微口氈落之峻坳如帽簷之圓如屋簷之滴方脈止而氣吐陰化而爲陽二者有相須之道故合而稱之爲毬簷古人謂無宀音綿不成穴以丶音主如毬冂音覓如簷其突起也如淋開低間之轂堆其開口也如咬去一塊之饅頭又謂之孩兒頭

者以毬不可飽硬欲其有微分之隱入字微絟之呼有
如孩兒之顖門在頂前微有處簷之微平上氣方不死
而動有○毬有顖門微方是孩兒頭譚氏曰毬簷之下略生窩葬口原
來正是他此是天然眞正穴就中倒杖豈差訛又曰到
穴星辰梗塊全毬簷相似穴天然肥圓開口宜融結葬
口原來在面前今人悞認簷在穴前好破毬而葬蓋未
見此也○以上論乳突以下論高鉗若窩鉗穴頂上分開兩股雌雄
砂○即左古朋砂裹定人中水於當中儼如界水之槽無脊脈
毬簷可見無分合界水可憑與乳突逈別○此指深大窩鉗形俯穴
低者言蓋此等形體兩邊砂高中脈低平儼如界水而無顯然分合但有微微絟平隱隱分下所謂陽脈是也
然則無脈無毬而可穴乎曰脉有陰陽不同陰脉在突

上行如人手臂之脈陽脈在凹中行如人手心之脈雖有有脊無脊之殊其呼吸浮沉之動氣則一也乳突無呼吸浮沉之動氣則亦無脈窩鉗有呼吸浮沉之動氣則亦有脈○動氣即是隱微之脈因論窩鉗兼言孔突亦有微𡕒微平之脈也蓋脈之有無在動與不動不在脊之有無也然則何以見其動乎曰亦在微𡕒微分微有微平之間見之微𡕒微分之下有微微之有是氣之呼而沉微有微平之盡有微微之起是氣之吸而浮則微𡕒微平微有微起遞遞而來者皆呼吸浮沉之氣使然脈隨氣行氣到而脈隨之矣但窩鉗中之微起非果有一塊高過兩邊也中脈微起脈之兩邊微低旁又微高與中間脈路相等因兩邊分去之紋理俱無𡕒無平不見

其有亦不見其起中間一路獨有隱隱之分心而𣑑平俱有則𣑑處見其有平處見其起後有微𣑑前有微平平之盡處自然是起但非如乳突之起有分水之脊也蓋乳突是陽開裏陰雌雄外結故界水分開兩邊窩鉗是陰開裏陽雌雄內結故界水不分兩邊乳突爲陰包砂爲陽陰內陽外故曰陽開裏陰窩鉗爲陽包砂爲陰陰外陽內故曰陰開裏陽○外結者乳突之穴本身不開口界水從穴後顯然分來合于唇下雌雄砂遠抱也內結者窩鉗之穴本身開口界水從穴後隱隱分來周聚口內鉗口雌雄砂近抱也界水不分中有水矣奈何曰水有陽會陰流之不同窩鉗中肌理分開舒坦有肉者水必鋪開而無溝謂之陽會水若肌理斂入逼陷無肉者水必成溝而直下謂之陰流水謝覺齋曰欲識太陽金水穴○太陽穴法詳四卷龍體穴形篇又無珠乳難分

別水來破面聚人中水若行時脈不歇歇時須要到三叉氣止水交方是結淋頭割腳要消詳惟枕毬簷尋活脈是指陽會水言也○太陽開口濶大其金水之體落脈無珠乳突泡宛似水痕破面聚人中者即上文所謂如界水之槽是也水行則脈行水合則脈止三叉者三合水交合之處若以此水交合氣脈尚行扦葬其間不免淋頭割腳故點穴必枕毬簷此申明深大窩鉗中有陽脈穴炎臍結而言楊公曰鉗穴如釵掛壁隈最嫌頂上有水來釵頭不圓多破碎水傾穴內必生災是指陰流水言也○此以淺小窩鉗穴結高處者言釵頭是星面頂頭破碎水必淋頭而下故窩鉗不忌陽會水只忌陰流水陽會水有分有脈陰流水無分無脈然水雖陽會終無分水之脊何能使穴中無水乎曰有隱隱之分勢水從隱隱之分勢而分去有隱隱之夎平水從夎平之兩邊分開不從夎平之

中間一直流下故不成溝而名陽會水雨滲人上亦隨
分開之紋理兩邊斜斜滲去故壙中自無水淋是以窩
鉗之穴形俯而穴低者穴後有數丈高膚眼視之似爲
界水而實無水淋也然無垂頭之勢唇氣之吐殆稜之
伶俐者中間必無動脈而有水淋故此三者又爲看窩
鉗之先務有此三者然後可看動脈有動脈然後可察
毬簷但窩鉗之毬簷不能如乳突之顯然突起只可觀
其水平臍結處爲穴臍結者其上必有一矬之墈如簷
之滴一矬之上必有一平之盡如毬之起則窩鉗之毬
簷亦卽是動脈之矬平盡處也有矬平方有毬簷有毬簷方有真脈故既
曰又無珠乳難分別又曰推枕毬簷尋活脈正欲人於

低有之中察其呼吸浮沉之動氣耳形仰者○淺小窩鉗去頂不遠卽有平臍立穴猶易形俯者○深大窩鉗去頂數丈方有平臍立穴甚難須遵水若行時脈不歇之語扞於水平臍結之處爲宜○臍結者上面微平有隱隱分水下面水痕交合也窩鉗大小結穴皆然若陰脈結穴亦宜合眠乾就濕之法○眠乾者上枕毬簷就濕者下親水合如湊急而扞○扞毬之前後與破毬湊簷俱是則傷龍鬬煞矣○以上概論窩鉗陽脈幷言窩鉗陰脈結穴亦宜眠乾就濕總是上有分而下有合之意以下分論窩鉗形體也

兩掬圓抱如筲箕金盤之形者曰窩兩臂直垂如金釵火鉗之形者曰鉗窩有大小深淺之不同鉗有長短曲直之不一有撞背而開者有橫過而開者有勾轉而開者一是直來直結一是橫來正結一是勾轉逆結俱要項頭圓淨有分金之面

頂不圓淨水心破面內觀外觀其微砂顯砂俱有外背內面之真情抱向者方有弦稜生氣○此總承窩鉗言但窩無圓唇不成鉗得平臍便結窩圓寬展必須水合唇下鉗直不能寬展故得平臍一結○上文概論窩鉗得平臍結穴此處分言窩宜圓唇鉗宜平臍者須知窩有圓唇上面自有毬簷毬後水分唇前水合是水平臍結之顯然者難得平臍上有分水卽毬簷之微分下有合水卽圓唇之隱合因窩鉗形體互異故結穴稍有不同其貼身分合證穴則一也以下論窩鉗所忌異同界水成溝破頂○破頂則無分金之面窩鉗並忌界水唇下成溝窩忌而鉗不忌○窩體坦圓雌雄砂短唇下窩平容聚方有會合乾流鉗形直垂雌雄砂長兩砂頭抱轉取水臍結處更得貼身分合故唇下成溝不忌以下論穴法微微窩鉗承胎而葬小窩鉗宜扦頂○古人以毬為胎承胎者因毬簷不甚顯明開口又小唇氣短縮者扦頂前微靨處如合谷穴是也金盤之窩穴必居中金四面皆弦稜扦盤正中微突處側鉗挨食指根之轉皮穴飛鉗脈合鉗扦兩

鉗盡處之胖肉即玉筋夾饅頭之穴法開鉗〇即是分鉗界看後倚前親之勢看四法定穴邊鉗觀股明股暗之情穴居依水明邊此皆易曉惟大窩深窩長鉗直鉗之形俯者具低有中陽脈呼吸浮沉之動氣爲最難認也陽脈甚隱高低之形若有若無難以體認故致詳於此〇篇中評論窩鉗詳言形俯穴低宜認陽脈穴法蓋言其所至一者篇終復又指出其叮嚀之意深矣閱者最宜着眼

附長鉗臍結圖

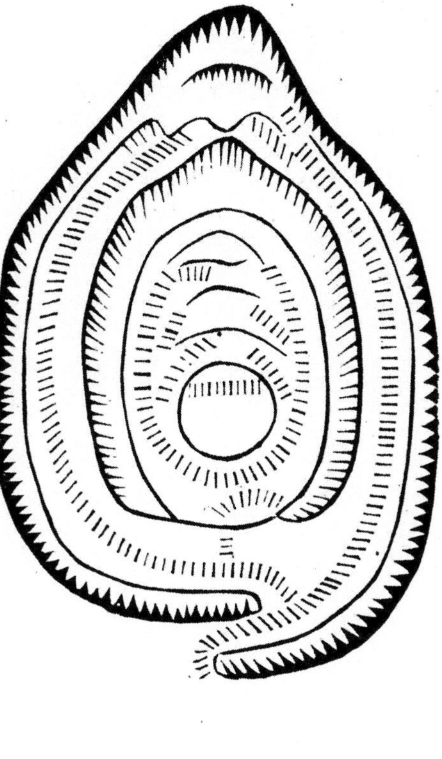

陽脈結穴圖已見首卷合割篇後茲復附長鉗圖以
明水平臍結之穴法

附論

乳突窩鉗雖形體不同而陰陽變化葬法則一但乳

突無窩鉗不眞窩鉗無乳突必偽蓋乳突陰也毬旁蟬翼分開抱其穴暈此卽隱隱窩鉗陰化而爲陽也窩鉗陽也穴後毬簷突起證其穴情此卽微微乳突陽化而爲陰也所以乳突之顯者不可無隱隱窩鉗窩鉗之顯者不可無微微乳突而微乳嫩突亦必有隱隱窩靨之穴暈淺窩短鉗亦必有微微乳突之毬簷以見陰陽交互而成太極內照經所謂上有天輪影下有土堦中成太極暈是也大天輪影者毬簷肌理分開金面如天之圓土堦者唇毡托起如地之厚兩旁痕影水分垂太極暈平坦豐隆含太和之氣介乎其中如男女媾精胚胎初結生生不消而三才始備

故穴法多端不外乳突窩鉗而四者結穴總以毬簷唇毡爲證蓋有毬簷水方能分有唇毡水方能合平洋分合篇所謂眞分合者亦指貼穴分合水言也若天輪影邊高邊低金面不正似土堦而邊凹邊凸或偏斜傾瀉者卽是分不成分合不成合其中何能有太極暈此惟智者明以辯之更合棄乳扦窩避突就鉗或有窩而葬乳有鉗而葬突皆爲窩鉗無微微乳突乳突無隱隱窩靨孤陽不生獨陰不化毬簷唇毡不眞故耳

按內照經以毬簷爲穴星必合四個星辰方眞曰紫微形如隱眉曰太乙形如雞距曰旺龍形如覆釜曰

木星形如玉尺有顯然成形者有隱然出面痕影小水界成形者以見毬簷形體不一故附錄于此

紫微  太乙  旺龍  木星 

石山○以下目篇舊在三卷之末因其亦論開面列于乳突窩借之次

土乃山之的石乃山之骨觀人骨中有氣則石中有氣可知故氣一山亦宜開面石八字層層分開有煞有平穴情眞的或石隙土穴或兩旁硬石中間嫩石可鋤○嫩石不但可鋤更須以水即化無細砂間雜者謂之結土結者實也或面層是石下有嫩土○即天蓋穴或圓唇是石而不欹斜者其福力惟視開面之大小多寡地步之廣狹爲轉移不因石而有煞或反得

石而清貴或得石曜而兼兵權者有之惟穴後無石八字而石紋直生歛入無矬無平脈無動氣或飽硬巉岩不開金面○無分金之面不但穴中有直生尖射之石爲煞即石中土穴亦有煞面萬不可扦也

附論葬書云地有吉氣土隨而起是驗眞氣于土也又云山勢原骨是驗眞氣于石也蓋山體屬金金氣旺盛則生石其因氣而行截氣而止形跡較土更顯力量較土倍重石之行也頭向前者爲奔勢脚向前者爲降勢兩邊丿乀壁立分開是大分勢微微露起如入字是小分勢石脈一線委蛇曲折出于大分小分之中或大小相間高低起伏或如梯級或如鋸齒或如

波浪而來者皆氣之行也兩邊平坦中間微高如束咽者是氣之入首也然石勢雄急非頓立開面勢不能止其止也如壁之立爲正開面挺立而頭俯爲垂頭開面有石毬開面而簷是土者有土毬突起而簷是石者或開面之下更有石脈鋪出分解開鉗中含眞土或落下不出石脈有眞土隆起均宜認脈索氣而扞切忌鬬煞但頓立之面高者數丈低者四五尺兩旁之石亦必開面向我者爲眞如開面而破碎欹斜或一邊斂入或一邊向外或一直生下無論大小高低皆假其有兩邊開面一面向正龍一面自去結穴者總是護砂又有滿山之石皆向一邊開面者是

他山之朝應有似開面而岩穴空洞者是縮氣之山脚或似壁立而零星閒土與駝出而肥滿者是山之後背此皆開面之假也若老山之石滑而渾大嫩山之石潤而多紋在山背其紋直在山脇其紋斜在山頂其銘紋銳在開面其紋橫石鉗生于窩鉗石開窩生于乳突送砂形如丿乀顧穴勢必彎環故捍門華表北辰羅星諸體半是石山更有分開橫干于溪河爲鐵門金鎖其內定有大地蓋旺氣自祖山發足融結眞穴于大龍將盡未盡之間氣復有餘包羅在外近則見于下砂遠則見于水口然石山結穴雖憑石之開面仍以得土爲眞而石紋裹轉與石山內顧皆不可不

察也

峻山

峻山有坐臥立三體星辰不開面無動氣者皆凶開面而有動氣者俱吉非坦緩便吉陡峻卽凶也賴太素掛鐘形鑿壁而葬揚筠松掛壁燈貼壁而扦此皆先哲之垂範今峻山高穴發福者處處有之只要星辰開面大八字有稜角脈路有隱分之矬平或數次或十餘次或略有顯分仍有隱隱矬平在其中者更妙分處是開陽獻面平處是束陰吐脉矬下有微微之有卽是氣之呼而沉平盡有微微之起卽是氣之吸而浮有此陰陽變化呼吸浮沉之動氣任千般怪穴皆可扦葬況端正開

面之峻山平但峻山之穴無微窩則氣不蓄無近案飛則
氣不收二者均不可少

獨山

經曰氣以龍會而獨山不可葬也此惟爲山谷中之單
山獨壟曠野間之閒散孤山不開面而無動氣者言之
若眞龍行于平地忽然突起一山開好面而有動氣者
即無陰砂纏護必有裙襴兜收即脣氊兜起或以水繞當山
纏或以遠山爲城郭不但開脚星辰有龍虎護衛者可
扞即正體星辰無龍虎護衛但得毬簷蟬翼或虬鬚砂
蔽棺者○虬鬚貼穴兩邊之護砂亦可埋葬福力視後龍之輕重得
水之多寡而推不因山獨而減也

高山

高山穴如金斗形之梁上穴揷劍形之靶上穴照天蠟燭形之燄上穴仙人大座形之顱門膝頭穴是也其龍虎纏護水口近案不如低穴之可以外借俱要本身自具眞面向裡下雖高峻到穴如登平地拜壇兜衿之外猶有餘地平鋪不待塡砌者方可或無生成之平或雖有平而龍虎纏護水口近案非本身所生或雖本身生成而無眞面顧內或雖眞面顧內而本身不開面無動氣者俱假卽本身有開面動氣而後龍不脫卸無纏護者僧道之地雖有脫卸纏護而無臺屏帳峽疊出者丁財之地雖有臺屏帳峽而一出龍虎之外只有本山獨

高餘山皆低者仙佛之地惟臺屏帳峽俱備送從纏護齊高方爲富貴之地其力量大小亦在龍格輕重地步廣狹推之但高穴收山不收水取天清之氣居多峯巒不秀不成大抵貴多而富少名高而望重

偶有開面

或曰有一節開面便可言地乎曰必分龍入首入穴俱開面者方眞若分龍開面而行度山頂及入首入穴處牛山與毬簷俱不開面者假惟到頭穴山出脈之化生腦遞脈之突泡臨穴之毬簷俱開分金之面有矬平呼吸浮沉之動脈者必能結地大小久暫當看後龍

泛頂不開面

或曰山體開面者有不開面者混于中奈何曰不開面爲泛頂惟分龍入首入穴處忌之見於行度處當視其多寡泛頂少而開面多者定是眞龍泛頂多而開面少者得分龍入首入穴開猶[面猶]面不失爲小地分龍入首入穴俱不開面纔是砂體

山洋指迷原本卷二終

山洋指迷原本卷三

周景一先生著

姑蘇俞歸璞
山陰吳卿瞻 增註

太祖

經云只要源頭來得好起家須是好公婆故論祖宗者必以出身之太祖始大榦龍太祖在數千里之遠特起名山跨州連郡高大插天萬派之山皆祖于此所謂權星是也權星大抵多是土金之體蓋惟土金方能綿亘若水木火星體流動卓立而分形多作近祖凡一省一郡各有權星仙佛王侯卿相之地必本于此小榦龍太祖在數百里之遠亦必特達高壓衆山或成龍樓寶殿金鑾瓊閣諸形所謂尊星是也正榦正結之

地必本於此枝龍太祖即大榦龍之分枝亦有遠至數百里數十里者貴者臺屏帳蓋其次大面星辰再次小面星體所謂雄星是也太祖雖遠近不同均須開極大之面大八字大護帶亦多行度處辭樓下殿降勢跌斷兩邊護從岡阜多者爲正龍貴格如大八字小護帶無多行度處辭樓不作降勢或但有牽連之形兩邊護從岡阜少者爲旁龍賤格○此在太祖分龍處辨其優劣繆仲淳曰山分入面出各有枝勢之所向其結必多又曰衆皆趨蹌我獨張揚皆辯貴賤正旁之捷訣蓋出身處關係最緊前途雖遠莫不預定於斯管氏曰遠奪天地蹤跡巳形于此出脈正指此也○此條因太祖而兼及分龍

分龍

分龍卽出身處○分龍者太祖山之出脈前去龍身自此分出也楊公謂之源派定祖宗窮本水源察長短辯眞假審力量莫不於分龍處觀之○分龍與分枝不同分枝者從大小幹分出也末分龍以前雖有高峯大岳乃衆山之祖本山太祖必以分龍處爲是故以之定祖宗末分龍以前雖有千溪萬壑乃衆水之流本山水源必以出身處旁分兩水夾送龍身漸以成大會于局內與外明堂者爲是故以之窮水源末分龍之前雖有千里之龍乃衆山所共無與本山之短長必以分龍處來歷千里便知有千里之龍故以之察長短末分龍之前雖有至貴之龍無關本山之眞假必以分龍處闢

面出脉者爲眞龍否則是假故以之辯眞假未分龍以前有至美之龍如祖父富貴可以福庇子孫然必分龍處星辰開面背其祖父方承其蔭若開面不美祖宗雖美意必他屬縱有結作小地而已又如未分龍以前有至粗之龍如祖宗貧賤不免貽累後裔若分龍開面星辰仍類祖宗之粗蠢者方可限之如變粗出嫩前去定結美地故以之審力量是以分龍處要開好面之大星辰子微曰分龍要起大星辰不起星辰氣不生要蟬翼護帶董德彰云出身處有蟬翼護帶前去必結大地要線絨脈鵞頂而不顧人蔡氏曰出身處線脈鵞頂方見來歷之眞○線脈者出脉細輭鵞頂者山頂如鵞頂之突出線脈于項下胸腹間也要翔舞自

如楊氏曰眞龍屈曲不朝人挺然直出勢最尊要有屏帳卞氏曰出身處列屏列帳要峯巒成座子微曰龍無星曜低低去此是賤龍出身處要盤旋曲折又曰龍行身直不迴翔此是死龍多不祥故龍之貴賤生死只在分龍出身處定之出身美而到頭不美必有閃結到頭乃其僞氣出身不美而到頭美者必是小結不悠久也

中出偏出

山龍中出偏出凡開帳落脈高大星辰皆當並論惟太祖出身處爲最重此面中出者前途所出皆中即行度處偶有偏閃其大勢自然不離于中力量自重此而偏出者前途所出皆偏即行度處間有中出其大勢自然

不離于偏力量亦輕其所以偏出中出者氣禀之有厚薄也禀氣厚者正而不偏或先正而後偏其力輕重可知禀氣薄者偏而不正卽間有正出或偏重而正輕或偏眞而正僞其間不可不辯今人薄偏喜正大都不顧其眞僞重輕曷不以中出偏出之間視開面之有無衛其優劣

應星

應星者太祖之前再起星辰以証應其所受之眞假貴賤也蓋太祖尚是分派衆共之龍惟應星是穴山所獨受無應星太祖雖美其注意不在此有應星不開面亦假粗而不文秀者不貴高大與太祖並峙尊卑失序須

略小乃頴異合尖圓方三吉之體開面端莊方足証其所受之眞貴楊公曰看他辭樓并下殿出帳聳起成何形應星生處別生名此是分枝劈脉證樓殿喻太祖山高大辭與下者應星也吳氏曰尋地先須認祖宗更于離祖察形踪辭樓下殿峯巒秀預識前途異氣鍾皆指應星言也○二詩前一首言應星辭樓下殿合尖圓方吉體者可證龍身之貴後一首言應星特起特降峯巒秀美者可識前途結地之大辭樓者如臣辭君客辭主下殿者自殿頂而下至二簷三簷直到階陛也辭與下者卽特起特降之謂然必先下而後辭不特地而降緩緩牽連而降者不得謂下殿必須自山頂下至山麓方成特降之勢不特地而起緩緩牽連而起者不得爲辭樓必須離祖數里頓起大

星辰雖不可與太祖相並亦須成座尊嚴作置地步堪爲次祖如此龍方有勢前去必成大地行度之間亦須特降特起有一二座峯巒聳拔者方是貴龍樓殿惟榦龍有之枝龍卽無然目陟降之勢亦宜如是若牽連而斷不成斷起不成起起不卽起斷不卽斷所結必小

祖宗遠近

經云祖宗積累有根其子孫終須與人別所謂積累者非徒一太祖一少祖也少祖以上其閒低小星辰可以無論凡有高大出衆星體不論多寡均爲遠祖遠宗以歷代積累根基甚厚故子孫發達亦長祖宗節數多者力大而久節數少者福微而短榦龍長而祖宗多枝龍

短而祖宗少分掛枝龍無特起之少祖況遠祖遠宗乎凡遠祖遠宗開面地步與太祖同論但太祖如開創者所開最大開面不美地步不廣便非貴龍開面地步俱無即是砂體遠祖遠宗如守成者關係少輕面小星粗無傷大體惟近祖近宗祖星辰醜惡開面全無出脉如急牽線覆鵞毛者雖遠祖遠宗甚美亦不能裕後行至此節不免災凶若開面星辰勝于太祖太宗行至此節必致富貴故遠祖遠宗雖關休咎而近祖近宗更係禍福也

少祖

將入局數節特起大星辰爲少祖廖氏謂之主星○壓家高

山堪爲四方之王比太祖遠宗關係猶緊八式歌云若是山家結穴龍定起主星峯主星大小合龍格造化便可測言結穴之龍得特起之少祖作主星合龍格也上格應大富貴中格次之下格又次之賤格小康凶格應凶禍臺屏帳蓋成座大星纏護疊疊上格也開面尊嚴星成大座纏護不缺中格也開面端莊星成小座龍不孤單下格也牽牽連連前後相等無特起特斷之星辰賤格也雖有特起星辰粗蠢醜惡凶格也星辰高聳而不秀麗不開好面亦凶格也不入格之少祖可以無論成格之少祖在穴後二三節間其力重大若離祖太遠則無力結作尋常得穴後一二節間再起開面好星辰方能融

結大地八式歌云二三節後合星辰福力實非輕節數遠時福力少再起王星妙語云穴坐主星當尚代出貴郎此意也

龍格○上篇常論少祖貴賤此篇統論龍身以定優劣

今人見元武後一節之頂以父母名之二節之頂以少祖名之後龍許多節數俱以遠祖遠宗名之並不論分龍長短星辰吉凶漫謂之祖宗無怪大小不明禍福莫辯也必須察分龍之長短方可定祖宗之多寡觀星辰之吉凶乃可推後代之應驗如龍身短者分大龍一二節即節入穴分龍便作太祖入首便爲元武而無少祖遠宗蓋未分龍之前雖有許多節數衆龍共之本山只分

其此氣不得認爲巳之持旺祖故曰掛祖分受發福不久又如龍身長者雖有許多節數若不特起高大星辰但低小牽連兄弟相若而來兩邊護從少者不得誇龍長而祖多也如此者雖有開面不過四五等格又如雖有特起高大星辰若不跌斷成勢對看似成星體橫看牽長一條亦不得誇祖宗之高大若此者面必不大從必不多亦不出四五等格又如雖有頓跌星辰若不能特起特降開面成座枝脚橫鋪廣遠但伯仲相若形如鋸齒之齊枝腳短縮而不揚者亦不得誇星峯之秀如此者雖節節開面不過三四等格必有成座特達之星開大面而出低脈前後間星主于其間○雪樵子曰間星有二星無變化要

間斷有變化要間山間斷者尋常星辰亦可間出者須如鶴立鷄群一見令人刮目

間而來送從之山亦起星峯擁護方爲三等格中富中貴翰苑科甲之地若有開肩展翅列屏列帳成座尊嚴佔地步廣濶之大星主于其間行度處大者極大小者極小收處極收放處極放如祖孫父子相間而來送從之山疊起星峯衛護有聚講行講坐講之氣象者方爲二三等格凡聖賢仙佛后妃王侯將相大富大貴之地規模大抵如是故辯地之大小只在星辰極尊不極尊地步極廣不極廣肩脾臂停勻不停勻別之又有近省城之隨龍穴與出洋之大旺龍枝枝結果節節開花但分得大龍一二節或只得貼身一掛護後從多而面大者大

富貴護從少而面小者次之倘山體小巧細嫩不能復開大面而得砂水直向者多即與大面等蓋後面原是一二等龍身來自數百十里之遠帳峽多而脫卸淨一節勝彼百節故龍不必長一尺勝彼百尺故面不嫌小

枝榦

龍以枝榦名以木喻也木自根達於巓曰榦旁出曰枝榦復分者爲小榦枝復分者爲小枝大枝即枝中榦小枝即枝中枝故有大榦小榦大枝小枝之别古人定枝榦法有四有以水源長短定者如大江大河夾送龍身者爲榦龍小溪小澗夾送者爲枝龍或一邊大水一邊匝水或一邊小水一邊大水夾送者亦爲枝龍有以雲

霧有無定者如高峯大嶺其巔常有雲霧者爲幹龍低
小而無雲霧者爲枝龍有以星峯有無定者如渾厚博
大不起星峰者爲幹龍秀麗顛跌星峰多者爲枝龍有
以峽中人跡多少定有者如枝龍數千里而來斷處多係
省郡通衢峽中人跡繁多枝龍數里一斷斷處爲鄉村
小徑人跡稀少是也予定枝幹亦有二法一以峽中所
到兩邊大界水定之大幹龍峽中所到大界水必數百
里而來小幹龍數十里大幹枝數里小枝則里許而已又
以太祖分龍處細審落脈正幹必縱橫自如不顧他人
旁枝必環抱護從面面相向枝幹之分二法亦可盡之
矣然枝幹不可以長短論有枝長而幹反短者蓋幹龍

每從腰落而旁龍前奔數十里以作護衛若不以地步廣狹開面多寡大小辯之何以別其重輕分其主從乎但幹龍結穴有脫嫩而結亦有不脫嫩而結其正傳嫡支又有混于衆枝之中似難分別惟以節節開面縱橫收放自如護從環向多者爲正幹分枝掛枝亦有大小不同仍以護從多地步廣者爲優又如分枝正落共一龍身欲識其輕重亦以此法定之

老嫩

龍體老嫩以木喻最肖蓋高山窮谷之中萬山于出起祖衆水于此發源龍幹者而不結地如木之根本處無花果也迨其行行漸遠至半洋半谷之間一邊大水尚

行一邊小水已合龍身漸嫩而地亦漸結如木之分枝
處漸有花果也其分枝有老嫩不同輕重不一只以開
面大小地步廣狹衡之迨其愈行愈遠至大江大河大
湖大海之際萬水于此同歸正龍於此大盡其將盡未
盡之間乃龍之最嫩極旺處結作多而力量大如木之
正榦正枝花果極盛也蓋老山起祖開面方始未經脫
卸水初發源少有會合卽有分出嫩枝力量微薄及行
至半腰開面漸多脫卸漸淨有小水可收漸能結地平於
大龍將盡未盡之間歷數百十之帳峽經千百十之開
面脫卸極淨諸水皆聚各開好面結地所謂枝枝結果
節節開花也但結地處仍以砂水向多者爲勝是以山

谷之間必有數十里來龍數十節開面臺屏帳蓋纏護多而地步廣者方結大地若大龍將盡未盡之處只有里許龍身數節開面或一二節開面有一二座臺屏蓋帳者亦成大地是一節勝彼百節小面勝彼大面一股纏山勝彼數重關鎖小山砥在中流勝彼數重大山塞居水口也至於枝龍出洋盡處與榦龍結正穴後之餘氣雖與山谷間之例有別若本身不開面出脉而無穴情者不可以爲脫卸已淨寸寸是玉而扦之然山谷龍身節節開面跌斷多者亦曰嫩出洋星體不開面或偶有開面而無跌斷者亦曰老○平洋特起高大粗蠢出開面而無出脈者係地山用神如北辰門之類是也故山谷亦有太貴地出洋儘多下賤龍

也有等大龍行度倏變爲低小星辰開面起伏而出嫩枝不數里忽變爲高大粗蠢不開面起伏而成老山及至數十里又變老爲嫩嫩又變爲老者總之老處分結少嫩處分結多老處分結非數十節不能成地嫩處分結數節（即）節便成長（美）地

內外

龍有盤旋之勢即有內外之分既有內外之分即有輕重之別○內外者局內局外也假如一枝大龍結穴兩邊必有帳作包裹在帳內結者爲局內在帳外結者爲局外局內結者力重局外結者力輕　如大龍左旋則左爲外而右爲內兩邊分結之地必左少而右多左輕而右重大龍右旋則右爲外而左爲內兩邊分結之地必右少而左多

右輕而左重○此內外就盤旋之勢言之左旋者以右為內右旋者以左為內言其勢之所抱向者為內也蓋外邊如背逼近大江大河水浩瀚而風攻氣散山亦多祖粗內邊如面包含小原小坂水細小而氣聚風藏山亦多嫩故內邊畧掛一枝勝外邊特發數節外邊數十節龍身不及內邊數節之力內邊即傍門借戶畧有包裹便結外邊非自立門戶數重環抱不可外邊惟恐見大水只見一線無妨枝龍不納幹水故也內邊惟恐不見大水任是洋朝愈妙自家血脉故也如杭城之南山右旋者也江干為外西湖為內孤山左旋者也古蕩為外西湖為內傍西湖結地者不止數百處傍江干古蕩結地者不過幾處而已內邊大富貴地不可枚舉

皆是傍借門戶見西湖者儘多外邊惟江文昭祖地在眠牛山下者果爲大地乃自立門戶不見江水其龍亦自有帳峽特出數節方成西湖大地但得一節而結穴者儘多此內外輕重之徵也

開帳

廖氏曰大凡開帳要中出角落未爲吉左出爲輕右更輕輕重此中分又曰十字帳爲上丁字帳次之金水帳爲上水星帳次之十字帳穿心中出丁字帳直來轉橫亦中心出脈開肩明顯者爲金水模糊者爲水星蔡氏曰開帳穿心如人之有肩如弓之有弰濶者數十里或六七里狹者一二里或一望之遠最大龍身分佈一二百里凡此方爲正穿心○後龍撞背而來中心出脈即十字

穿心帳　三五丈間不足爲正穿心不過中心正出之龍三五十丈者只謂之小穿心餘止蜈蚣節而已所謂正穿心不能多見數十節間或止見四五節或一二節者其餘亦須不離中心出脈傳變不離氣脈不散而正出之間或之杳飛走或拋梭梟鞭或蜂腰馬領或鳳舞鸞翔或蛇迤過蟬脫或登階降陛變換不一只要龍身眞正不必定泥十字穿心卽間有丁字帳亦有貴格有等穿心之格帳梢又起圓峰高峻豐厚自帶倉庫者主大富又有開帳之前中間細脈垂下突起俊秀之峯者爲帳內貴人主大尊貴又有穿心出脈之帳兩脇高起圓峰不與本身聯屬侍立兩旁者爲暗庫星主富盛而多姬妾

然小穿心蜈蚣節已爲難遇況開帳正穿心乎至於貴人暗庫猶爲罕見

或曰帳有眞假乎曰在帳中出脈開面者爲眞否則是假但此就統體而論如後龍祖宗甚美前面子孫俱開好面佔地步多者方佳若祖宗不美胎息即子孫受傷中間雖有一二節穿心帳亦作假論如王之經所論尹瓊姬祖地是也若橫龍分降借勢爲帳者須前途自開好帳卽借勢亦爲有力不然不足恃也

或曰帳字何義曰古人以行軍帳翕之謂出了後帳又開前帳如行軍帳一日一移也王玉髓經云帳者障也謂橫開廣濶能障其風不使吹脈障住外山外水不使逼

近龍身即是佔地步之廣帳有二義橫開廣濶如一字屏者曰障分開大八字而包裹到頭者爲帳稍有不同

或曰帳角結地能減正龍之力否曰開帳而小護帶少者不能跌卸而去枝葉自踈帳角何能結地如穿心帳開面極大護帶亦多跌卸而去枝葉自茂定有融結若正龍開帳面小而帳角反開大面豈惟減正龍之力旁者反爲主矣否則帳角分結猶見正龍力量之旺帳牖又有帳峽猶見地步之廣其輕重亦隨正龍惟富貴終有正旁之別初落之帳角分結力尚小中落之帳角分結力漸大分枝掛結亦然小龍小帳不能有此

蓋護枝葉

龍身所分開帳之外總名枝葉分之則有數名自逐節分出者爲枝脚橈棹自祖山分出隨龍同行不到穴而先停止者爲送隨龍同行而先到穴前迴轉作護者爲迎橫障穴後不抱左右者爲托樂又爲之屏特起大星辰分開大面肩翅長垂兩角蓋過數節數十節者爲蓋護蓋過龍虎者爲纏護護龍起秀麗之峰端拱于穴旁左右者爲來輔端拱于穴前左右者爲侍衛端拱穴後左右者爲天乙太乙端拱峽之左右者爲天弧天角日月旗鼓端拱帳下左右者爲暗倉暗庫金童玉女總是龍之本身分出所以衛護龍穴者也不自本龍分出者非然本身已成貴體得他龍眞面相向雖非本身分出

亦可借用若皆來駝我或無背無面卽本山分出亦無益也

或曰護蓋枝葉必宜兼有或有此而貴彼者如枝脚短少無護蓋可乎曰若逐節枝脚停勻交互適當而長遠者不必祖山之蓋送如梧桐芍藥(蒹)葭之類是也如自近祖分出兩股護砂能蓋過數節者不必逆節不夭(必)長衍卽無枝脚亦貴如上天梯串珠龍蘆花鞭金鐘玉谷(釜)臥蠶土(吐)經九天飛帛仙帶飄空金蟬脫殼王几上(臨)軒之類是也又如近祖一邊無蓋護一邊生枝脚一邊無枝脚者則無護蓋一邊不可不生枝有邊不須生枝如楊柳長(枝)捲簾殿試之類是也又如自本身分出零星墩阜

如飛花片片寒鴉點點之形兩旁擁護者不必顯有枝
條長垂蓋護亦爲貴地如蘆花梟換骨龍落地梅花之
類是也若既有近祖之蓋護長垂又有逐節之枝腳繁
衍非都會之大榦龍佔千里之地步者不能有此若護
蓋俱無枝腳又少一邊者公分有虧兩邊皆然神廟之
地看〔有〕等出洋龍在大田大坂傍大江大河既無蓋送又
少枝腳或以高田作護衛或以水繞當山一面而穴山開
面出脈屈曲活動有雉平呼吸浮沉之動氣者便是富
貴地如〔反〕之若單獨龍之類是也然究其遠祖必有屛臺
帳蓋之格送從纏護之多來龍長遠脫卸淨盡方能有
此不然淮揚一路平坦無山何以亦有大地而平洋單

獨龍何以備多下賤者總宜究其來龍貴賤送從有無然後定其優劣纏龍在山谷愈多愈貴托山非橫山無降脈者不須來輔有龍虎不必侍衛天弧天角非大貴龍不能有之既成天地無亦何碍

或曰龍身短長枝脚不稱可乎曰龍長遠枝脚亦宜長遠龍短小枝脚亦宜短小龍高大枝脚亦宜高大龍長遠而枝脚短小為桔龍龍短小而枝脚長遠為到龍龍高大而枝脚低縮為獨龍龍枝脚貴停勻若偏枯為病則宜順護反背為逆則宜圓淨尖利為煞則宜秀麗醜惡為賤則宜整亦散亂為蕩則宜合格貴形吉形為吉賤惡為凶故龍之貴賤不同其美惡亦形于枝脚觀枝

脚之美惡龍之貴賤亦可知

過峽

古人論峽以出脈編(偏)正定若凶(吉)正者兩邊有護送爲吉偏者二邊無護送爲凶于(子)微論峽則以護峽山形論吉凶吉形貴形夾護皆吉反此者凶子但以開面出脈爲重開面者雖旁出力輕猶不失爲眞龍不開而出脉雖中出無生如護故(峽)山外背内面者吉形固吉凶形不過吉中之疵如背來龍(駝)我或無背無面凶形固凶吉形何取有等過峽起脈之山亦(凶)死(及)路(落)脈開好面者此行龍脫卸將盡未盡必有分枝相(偷)落之地前途可覓

陰陽峽者卽雌雄峽也如□(匠)人雌雄栒(榫)二(一)般一邊開竅

而落脈者爲雌一邊走珠而起脈者爲雄○此爲雌凸爲雄走珠者凸上節泡遞生或雌落而雄受○雄落者落脈凸而有脊雌受者開窩遞脈也雌邊雌有窩穴葬者行未能得福○開窩遞脈眞氣未止故也

或曰高山之上並無跌斷無峽可知亦結大地者何曰古有高山峽之名盡蓋山上架中山另闢世界則山上自有平地其起伏跌斷處即謂之峽但在下面仰視則不能見其實實高山之上有平也地理有跌斷若無帳無峽不另闢世界何能結也

崩洪浹峽貢者穿江過洞河之石脈也石脈從水中過是山與水爲朋水與山爲共故曰崩洪惟平洋江河中有之蓋平洋數千里來龍至大江大河勢不能住則渡水而過

其過也必開帳作勢兩邊枝脚一齊湧來如鳥之將飛必先𢇁其翅而起石骨過處水必兩分龍渡河水必左右分流方是過河之脈其力自大石骨形象不拘但水面不能見耳山谷水跌瀉溪澗兩邊山脚石骨雖連而彼岸田水不隨龍勢前行反流入過龍河中即在平洋只以山脚論並非過龍謂之崩洪峽者非龍既渡河則龍勢前行水自隨龍脈前去若反流入過龍河中仍是山脚田連非渡水之龍也然渡水之龍亦必開面方有一脉透過中而起龍脊其水兩旁分流或上面之水向一旁流去而河濱水亦必兩分故云非石骨不渡水但博到無山處硬土亦能渡只要中淺旁深若不開帳作勢枝脚邊有邊無來不洶湧水中雖有石骨彼岸雖有墩阜只以星散零斷論至

于穿田渡水則以河濱來去爲憑雖在極平處仍有謓脚墩阜可証

玉湖峽者當脈橫生池湖脈在水中遙過也天池峽者峽旁各生一池或只一邊有池一邊低田低地脈在中間過也玉池峽者當脈中心生也脉在兩邊過也其水是龍氣停潴非因雨積池湖是造化生成非人力穿鑿深大力太淺小力小四時不涸清而不濁者貴忽然乾涸渾濁腥臭衰歇之兆果是相所之祖臺屏帳蓋之龍節節開面地步廣濶有此更証其貴中等龍見之亦只尋常下等龍見之何益故只觀其地步之廣狹開面之多寡龍格之優劣爲主

古云峽前峽後好尋龍者以龍身逶迤路遠將過峽久勃之勢昂然而起旺氣一聚過峽後方興之勢躍然而起旺氣亦一聚必有旺氣透于兩邊一開面降脉即借峽中之迎送爲門戶而穴易成或自立門戶更妙然惟嫩峽有此者老峽則否節節開面枝葉旺盛龍勢盤旋有蜂腰鶴膝者爲嫩峽牽連小面枝葉稀疎龍勢徑直腰硬者爲老峽騎龍穴順騎固須開正面穴前週密迴轉儼如背後生來環抱有情方妙然峽前峽後分掛一枝結地者十之八九騎龍結穴者十之一二

或曰今人見山跌斷即以峽名之並不問迎送有無無迎送者亦能結地否曰峽間有迎送者惟大富貴地如是小龍止有跌斷何能有迎送之砂但跌斷而得闢而

出脈前去亦結小富貴地不開面而跌斷方在所棄至小枝龍并跌斷亦無何能有峽惟視其開面有無多寡而已有等大龍來處過峽重重俱有迎送至入首數節只跌斷而無迎送亦成大地不可以到頭但有跌斷無迎送短之

附雄落雌受峽圖

入首

入首者到頭數節也予徵論龍格穿落傳變與廖公李氏之論龍格皆以此數節定吉凶貴賤蓋太祖太宗猶是遠龍惟此處最爲切近若入首不美祖宗雖美何益必有他結入首既美祖宗必美可知故尋地捷徑必以入首數節爲主開面者眞不開面者假尋地有二法有自祖宗尋起隨龍看到結穴處有自結穴處逆尋到祖山然結穴既美後龍必美故從結穴處逆尋到祖山者爲捷徑臺屛帳蓋成座星辰護衛砂水重重眞向者富貴牽連小面單砂單水拱面者小康

胎息孕育

語云千里來龍只看到頭一節賦云入首成胎猶防死絕故胎息孕育止入首更爲切要○大成云主星後一項爲胎胎下束咽曰

息主星頂口孕成穴處日育此處不成穴必他閃蓋元武後一節之頂爲父母○穴山之蓋山是也父母山開面出脈爲受胎開面者陽氣發舒之象出脈者陰氣束聚之形開面處有垂頭是府俯而施之之象出脈處有還覤是仰而承之之形陰陽相配俯仰交孕則受胎也胎前跌細如蜂腰處謂之息如母之受胎而養息也○此論父母山開面出脈吞玄武頂前○是穴爲頂前有隱分隱𣪘之微有有是氣之呼而沉微有有前起貼體微泡爲化生腦是氣之吸而浮化生腦前亦復有微分微𣪘之呼而沉微平微起之吸而浮謂之孕○此論化生腦開面出脈孕以化生腦爲主上自穴山頂前下至半山遞脈節泡統謂之孕如母之懷孕而孕之呼吸浮沉與母息相通也○言孕之前後呼吸浮沉與父母山之氣脈相聯也

孕下起孩兒頭〇節臨穴之毬簷開端然之面又有隱分隱毬微有有微起之動氣謂之育如子離母腹而自具呼吸浮沉之動氣故能育也〇此論毬簷開面出脈是以胎息孕育全在開面方成而生機又在呼吸浮沉之動氣也

附論 古人論胎息孕育有始于少祖山有始于父屏母山及有以毬簷爲胎而息與孕育亦異者何也蓋時物之生莫不有胎天地亦一物也太極未分之時包天蘊地渾沌即天地之胎人之胚胎亦混沌之象及乾坤定位而寒暑遞更男女攸分而子孫相繼即寓息與孕育之義焉山川亦以二氣成形得扶輿凝靜之氣高壓天下名山綿亘東西南北不知幾萬里者崑崙

是也萬山之派始于是萬山之胎亦成于是其分枝劈脈卽是息也各都各郡特起名山孕也建都建邑之地育也以龍身發脈論當以太祖山爲胎分龍爲息少祖山爲孕穴山爲育以行龍入首數節論當以少祖山爲胎過脈爲息父母山爲孕穴山爲育先生以父母山爲胎出脈爲息穴山化生腦爲孕孩兒頭爲育者以其切近也然此就大山博換小山出脈結穴者言之若僅係穴山三分結穴者則當以穴山化生腦爲胎垂頭出脉爲息半山突泡爲孕毬簷爲育矣其以毬簷爲胎者亦可遞推乳突窩鉗篇所謂承胎而葬堪輿經所謂點穴須扶胎息是也胡故古人論

雖不同意各有在先生因其意而申明之再三以切近最要者言也

裀褥唇毡

裀褥者坐下之軟肉也唇毡者穴前之餘氣也有裀褥方有唇毡則毡唇又爲裀褥之餘氣也分而名之穴前平仰圓收者爲唇唇下又鋪一層平仰肉者爲毡有唇短而毡長有唇長而毡短有唇毡長短相等者總宜有仰起托起之勢兩角收上中央彈出四體寬平不欹不削者爲眞開口穴唇吐口外乳突穴唇吐襟内有口無唇爲空穴有唇無襟爲死唇襟者唇旁之兩砂兜收也口開濶大而長者口内應有小唇突生臍靨而凹者唇

內宜有小口臨田無近案者唇毡俱全為妙在山有近案者吳(要)有唇收便佳高結之穴圓唇非長大平坦而兜起不可低結之穴與有近案者只要有兜起之意稍峻無妨其唇短而高起者毡宜闊大唇長而坦平者毡短亦無妨若似反弓鱉裙者地必假蓋唇毡是裀褥之餘氣鋪來無唇毡則裀褥亦假故所謂裀褥者不惟穴旁坐下宜有穴後穴前亦宜有之穴旁無裀褥則無胖腮穴後坐下無之則不和軟○穴後即毬簷之後穴前無之則無唇毡何以成穴惟有裀褥自有唇毡不致欹斜笑(尖)削而見其餘氣之旺也餘氣旺者雖小地亦發人丁左邊多者長盛右邊多者幼盛面前多者衆房(皆)何盛或曰每見穴

前雖有餘地而非本身鋪出或從左或從右鋪來而一邊界水隱隱從穴前割脚過者或左右俱鋪來而兩邊隱隱界水從穴前割脚合者或從本身鋪出而無托起平仰之勢如覆鷲毛之削下龜背之有脊者或雖托起平仰而穴後不開面無𨁪平者雖穴前鋪出一片餘地皆非餘氣也蓋氣隨脈行脈隨氣止氣氣脈凝聚自然四體融和精神發越二邊界水割脚而過者必唇側而無毡兩邊界水割脚而合者即有口而無唇前無唇毡穴無氣脉也不能托起平仰者生氣不收也如覆鷲毛龜背者陰煞不化也後無𨁪平者即無動脈脈死氣散也氣尚無有何能有餘眞氣既無雖有餘氣何益此皆𧙕

褥唇毡不眞故也餘氣少而下能旺者可不言而諭矣

餘氣○此篇論龍身餘氣與前篇論穴前之餘氣有別

古云大地多從腰裡落廻轉餘枝作城郭餘枝卽正結之餘氣也蓋龍如瓜藤瓜之結實多在藤腰及將盡未盡之間近根之處正藤之杪卽有所結不堪爲種眞龍結穴亦然正穴既結其餘氣或從龍虎肘外或從官鬼前後及纏護禽曜邊曲折而去或山或地或作水口或成陰地陽基有數里而住止數十里而止者只要眞情拱向無論遠近去而不結者力小去而結地者力大故省郡之大幹龍將盡處閃落一枝結穴而以省郡爲用神者封拜之地經云餘氣不行數十里定然不是王侯地蓋小地

以砂爲用神大地以正龍爲用神如韓信將兵漢高將將也惟分落之小枝如結瓜之子藤但得獨立門戶自然風藏氣聚不論前去餘氣有無然所謂餘氣者內觀外觀俱要眞面向我而後去去而復回顧者方眞○有外背內面之真情拱向方有顧戀之意若古內觀似向外觀似背遠砂似向而近砂反背者乃鬼山哉也撼龍經曰鬼山亦自有眞形形隨三吉輔弼類九星皆有鬼形樣不類本身不入相故眞龍之鬼自有種類有此龍必有類形之鬼而小枝龍則另生頭面不與本山類形是以餘氣鬼刧小枝龍之鬼氣三者又各有別

論地步本於開面

開面地步雖分兩樣然開大面即是佔地步無地步即是不開面何也大八字一統罩盡護帶數重兩邊送從纏護面面相向非開大面乎貫頂出脈護帶全無兄弟山挨近本身者非無地步與不開面乎故開大面地步自廣開小面地步自狹不開面地步自無蓋面之大小不專指本身言亦兼羽翼護衛言之也羽翼護衛多者地步廣雖本身之面小亦爲開大面無羽翼護衛者地步狹雖本身之面大亦爲開小面故開面地步總是一事但自本身之肩臂眉目肌理之分言之則爲開面自外層之羽翼護衛言之則爲佔地步論眞假非肩臂眉目肌理之分不可論大小非羽翼護衛之分不可固一

事而兩名者也

論開面地步包括形勢星辰

秦漢時論形勢唐宋時論星辰今人止知論勢其次論星與形予獨論開面地步者蓋以山川古今不改吾人所見不同總皆發明山川之秘如狐首青烏葬經以形勢察性情以性情察生氣撼龍疑龍玉髓經泄天機之類以地下山形合上天星象以人間庶物狀山川變形逐類推求隨形模倣皆格物以明理非初學所能驟至予開面地步之說參悟萬山性情線帶（總歸）一貫機竅意淺言詳人所易曉況形勢星辰亦皆包括誠以山龍無開面地步卽不成形勢星辰何以未有不開面而能成形

勢者也未有不開面而能成尊嚴降勢者也未有不疊
疊展轉開面而能成飛舞踴躍之勢者也未有開面之
羽翼不面面相向而能成團聚廻環之勢者也未有不
佔地步之廣而能有勢如重屋茂草喬木勢如降龍水
繞雲從者也未有不佔地步之極廣而能有勢如巨浪
重嶺疊嶂勢如萬馬自天而下者也廖氏曰貫是脈從
頂上抽星峰不現頭飽是渾如覆箕樣醜惡那堪相楊
公曰大抵星辰嫌破碎不抱水身多作落皆星辰不開
面之說也葬經曰形如亂衣妬女淫妻形如仰刀凶禍
難逃形如臥劍誅夷逼僭形如覆舟女病男囚又曰勢
如戈矛兵死刑囚勢如流水生人皆鬼勢如驚蛇屈曲

徐斜減國亡家此皆不開面不佔地步之說也入式歌云好格面平方合樣面飽何勞相不開面者其面能平而不飽乎撼龍經曰作穴分金過如線曰分金者非卽開面之謂乎又曰高山頂上平如掌中分細脉如蛇樣平如掌即開陽獻面如蛇樣卽東陰吐氣中分卽隱顯之分又非開面之謂乎然則古人之論形勢星辰未嘗不寓開面地步之意但不明明道破予故發其隱微不詣形勢星辰而詳論開面地步也

饒減

饒減者多者爲饒少者爲減卽挨加法也蓋暈心標準左右均勻挨左則左少右多謂之減龍饒虎挨右則右

少左多謂之減虎饒龍又如龍先到而在內虎後到而在外龍近虎遠作穴挨近龍邊即是減龍饒虎虎先到而龍後到虎近龍遠作穴挨近虎邊即爲減虎饒龍是也其龍虎不交抱而龍山低虎山高者亦宜減龍饒虎虎山低而龍山高者則宜減虎饒龍又落脉饒減之法如脉從左落勢必趨右宜右邊受穴左耳乘龍棺頭宜視右邊棺脚宜近左邊亦曰減龍饒虎右肩落脈饒減亦然大抵落脈左右之饒減與龍虎遠近之饒減常自相符當饒減而不饒病減者禍在公分如左砂先到當挨不挨長房必敗左水不到穴前故也右砂先到當挨不挨幼房必敗右水不到穴前故也又如水自左來右邊

是下砂不挨右而挨左則青龍順竄禍及長房水自右來左邊是下砂不挨左而挨右則白虎順竄禍及幼房

挨棄

挨棄者挨生處而棄死處也如脈從左轉右則左死右生從右轉左則右死左生雙脈短者爲生齊脈小者爲生貼身砂長者爲生痕影水明者爲生踣稜伶俐仰處爲生圓唇薄仰平鋪邊爲生穴腮圓胖爲生牝牡砂先到爲生龍虎灣環覗覰邊爲生氣脈有陰陽變化呼吸浮沉之動氣爲生總之動處仰處圓處有情處厚者薄處薄者厚處均爲生也左生發長右生發幼

淺深

作穴淺深之法有以兩邊界水定者有以穴前小明堂定者有以一合水定者窩鉗穴無貼身一合水○一合水即蟹眼水窩鉗穴無一合水者即堪輿經所謂蟹眼不分扦氣穴是也蓋深大窩鉗穴結低處平中取突毬簷無蟹眼水分下即以貼穴分合爲蟹眼水金盆穴法亦然以兩邊二合水定者從來議論不一但兩旁界水之淺深○即二合水與一合水之淺深相去懸殊一合水之淺深與小明堂之淺深相去亦懸殊○一合水從穴暈兩旁分下小明堂即穴前一合水聚處故二者深淺不同且穴旁痕影水○即一合水淺者止一二尺葬穴不應如是之淺或兩旁溪溝成界深者數丈葬穴不應如是之深即二合水合于圓唇之下形俯者或有數丈高低葬穴亦不應如是之深然則何以定之惟小明堂之淺深與穴高低相等

似可以此定其浮沉然每因之過淺則有風吹蟻入之患○風吹則氣散土鬆故虫蟻入之過深則有水濕黑爛之虞○陰來陽受脈緩者氣浮陽來陰受脈急者氣沉氣浮宜淺氣沉宜深浮沉得宜銓在深淺恰中爲則過淺過深則氣不蓄即爲腐骨之藏古云穴吉葬凶者亦兼乘氣浮沉深淺而言也況小明堂上下任人指點增卑損益隨意可更其深淺亦無足據惟金銀爐底之淺深與小明堂界水之淺深○此界水指合水言常自相符宜以小明堂界水淺深尺寸爲準則多留眞土托土棺不得鑿至爐底每掘小孔探之將到爐底而止眞土者堅而不浮韌而不硬乾而不枯潤而不濕明彩而不昏暗即生氣土也爐底土比眞土稍淡稍昏稍乾稍濕稍粗易變不必過硬方爲爐底有等眞土厚者比小明堂更

深數尺若因土美深深掘過于小明堂必有水濕之患○掘

棄爐底穴故必須以小明堂爲準多留眞土托棺爲地

深水入

山洋指迷卷三終

山洋指迷原本卷四

周景一先生著　姑蘇俞歸璞　山陰吳卿瞻　增註

平洋論

山龍以開面佔地步者爲勝平洋亦然蓋平洋開口即如山龍開面山龍不開面爲無氣平洋不開口亦爲無氣其理一也水分氣行水合氣止山龍不開面則水不分平洋不開口則水不合故均爲無氣

山龍有星體形勢帳峽纏護者爲佔地步平洋亦有星體形勢帳峽纏護其佔地步亦一也但平洋踪跡與山龍形體畧有異同今亦以縱横收放行止分合向背斂割仰覆枝榦大小分晰龍體穴形要之不外乎因水驗

氣古云平洋得水爲先誠要語也

因水驗氣

氣者水之母也水者氣之子也有氣斯有水有水斯有氣氣無形而難見水有跡而可求水來則氣來水合則氣止水抱則氣全水匯則氣蓄水有聚散而氣之聚散因之水有淺深而氣之厚薄因之故因水可以驗氣也若池湖蕩胸無收則氣不能聚江湖潑面無案則勢不可當入懷之水太寬爲蕩胸必須退後收小或近收貼穴小水方可聯塘大水當面直冲爲潑面宜有近案遮攔不致直見江洋爲妙詳後枝幹篇其易盈易涸急去急來倏淺倏深或環或直者亦有盛衰之應惟大水之內又有小水重重包裹方見氣之藏而聚大界之內更有微茫隱隱分

合（貼穴痕影水）方見氣之動而止。故眷（去而戀深聚回顧留戀）迴（迴環曲折）環（繞抱有情）交（兩水交會）鎖（關攔緊密）織（之若如織）結（衆水滙豬）皆氣之所在也。穿（穿胸破肋）割（割脈割脚）牽（天心直出牽動土牛）射（小水直來形如箭射）反（形如反弓）直（來去無情）斜（斜飛而去）沖（大水沖來）皆氣之所離也。如反者使之環抱，直者使之曲折，散者可以聚之，去者可以蔽之，挽回造化亦在人功。但本身血脈有情顧復者（貼穴小水環繞也）務宜挨親。幹龍大水無意留戀者，不可扳援。若山谷之平洋，山多水少，雖見大水無害，總要自家界合爲先耳。（貼穴界合無論山洋必不可少）

縱橫

兩水夾送龍身直行者爲縱，兩邊枝水插入者爲橫。大

龍奔行數百十里或數十里或一二里兩邊枝水揷入
如八字樣者爲帳枝水分流或數百十里或十餘里者
爲大帳一二里者爲小帳兩邊枝水長短不齊濶狹不
一帳之邊多邊少龍之中出偏出均于此辯之帳大而
多者龍大帳小而少者龍小亦有借縱爲橫借橫爲縱
者總以枝葉茂地步廣者力大但平洋縱橫不如山龍
易見枝龍縱橫又不如榦龍易見蓋榦龍有大江大河
爲憑而枝龍惟小河小濱或低田低地忽縱忽橫難以
體認非遠着足力細細推求不可其龍身來去脊脈只
以兩邊小河小濱揷入或低田低地中有一段高起處
証之河界田而田之闊大處是橫濱界田而田之狹長

處是縱小濱橫生處是橫直生處是縱未分小濱之前
是橫巳分小濱之後是縱小河倏而直流倏而橫流小
濱忽而直生忽而橫生低田低地亦如是者都是借縱
爲橫借橫爲縱也總之縱者中尊自主橫者側體顧人
縱如菜臺花心橫如菜葉花瓣菜葉花瓣爲護其心枝
脚纒護因衛其主橫者是開爲合之機合者是收成縱
之局故有縱不可無橫有橫不可無縱有縱無橫者即
無蓋護有橫無縱者何以成龍然亦有等龍身在大江
大河之中或隔十餘里或隔一二里有圩田浮于水面
如鷗鷺之浴波或如珪如璧大小長短相間斷續而來
此以小而直長者爲縱大而橫闊者爲橫察其到頭定

有眞止故龍穴皆縱中之事砂水皆橫中之事龍脈雖多曲折總居中而貫穴砂水即有直長皆在龍穴兩旁分佈縱橫互借層見疊出者更徵地步之大結作之多小龍如此大龍亦然

收放

收者束細咽喉也龍身行度處以之定峽到頭一節以之觀入首卽所謂束氣也平洋無脊脈可憑全在收處察其眞假証其來源放者放開枝脚也帳蓋之大小纏護之短長均于此定之大龍有大收大放蓋帳關峽是也小龍只小收小於放个字蜂腰是也收放愈多則愈有勢愈大則愈張揚蓋收者如火筒風箱小其竅而氣方健放者如瓜藤果木茂其枝而本自大也然非兩邊枝

插

水插入不見其收非兩邊枝水分開不見其放捕入言枝水自幹水生人分開言與枝水自龍身分開如人字二者與義一也若一邊枝水插入一邊無枝水分開即是邊有邊無或一邊枝水插入一邊過萬了數段方有枝水分開如不對節之草者即爲參差不齊此指直龍而言如橫龍旋轉者不以此論非眞收眞放也收放眞者大略與山龍過峽相同但山龍之起伏高顯然可見平洋之起伏低殊難識認總以兩邊枝水插入爲憑因收處而見其放放處而見其收也至龍身行度處高山以特起爲少祖平岡以特斷爲少祖平洋以特收爲少祖故穴後爲之收放比後龍更爲緊要但後龍開帳過峽有兩邊枝水插入者或一邊枝水插入一邊但有低田爲界者

亦以帳峽論不過力量稍輕若在穴後一節兩邊枝水插入固爲束氣亦有一邊有枝水一邊但有低田低地爲界或兩邊俱是低田低地中間高起一段亦爲束氣之眞

大坂平田兩邊無枝水插入又無高低束氣之形宜飛邊吊角而折蓋近穴雖無束氣其後必有分水之峽也然飛邊須邊上展開堂局弔角須角上動而有情即四面有水甚遠不拘方圓大坂中間插進一漕而灣抱者亦有結作若邊角俱無穴情中間又無漕水插入但得微微起伏有唇口堂砂殆如覺面山龍精神蘊而不露不可以無明水而棄之

其收放之極大者兩邊護砂有金箱玉印日月旗鼓琴筆劍笏倉庫諸形或拱龍峽或護穴場文具應文武器應武堆錢倉庫主富琴龜鳳鶴主仙形吉者吉形凶者凶吉形穴中見之吉不見猶奇脊脈之龍其形多連于本身或見于低田低地或見于高田

高地平薄之龍每于隔河隔濱見之或見于水面或見于平田平地總以向我有情者吉無情反背者凶

附無束氣飛邊之圖

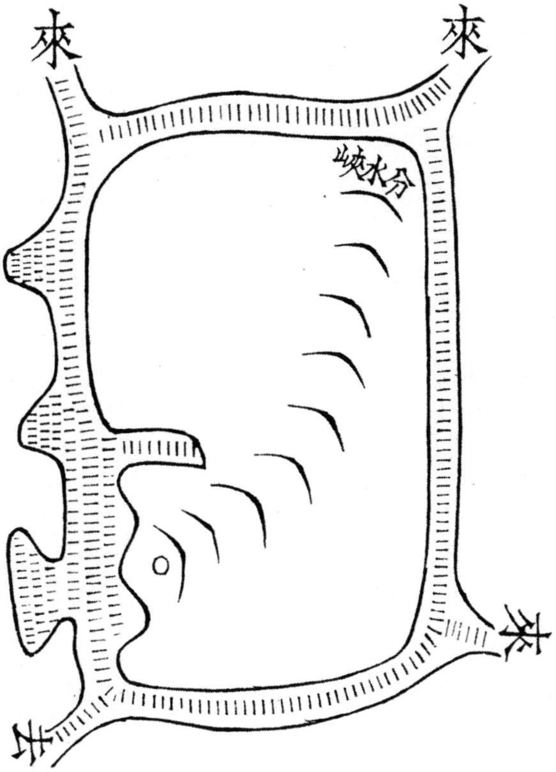

附無東氣弔角之圖

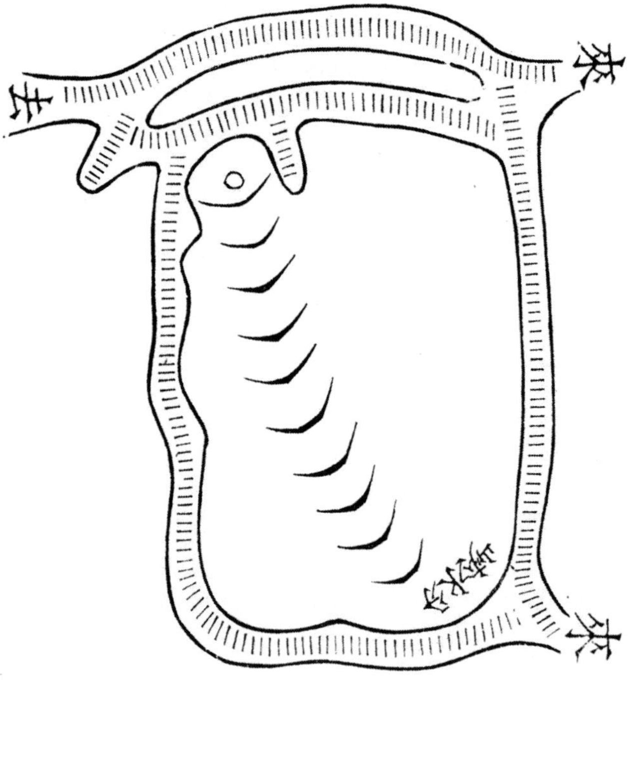

附無束氣漕挿之圖

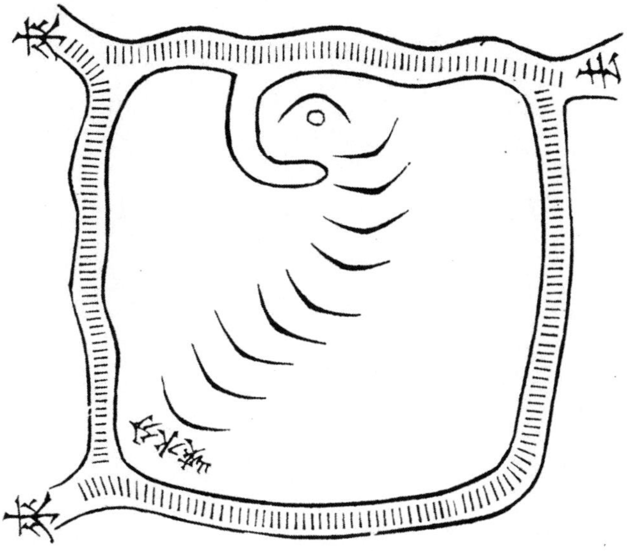

行止

平洋少騎龍斬關之穴者何蓋平洋以水行見龍行以

水止証龍止不若山龍有形局可借者比故曰到頭水聚方能止水若無收氣遠奔然此亦就大合之內有小合者言若直臨大水交襟之處此大合水處地形必漸小纏護必短縮鉗局必不開以爲盡龍而取之必致衰敗楊公曰尋到山窮水盡時地作茅叢容易棄故須倒尋轉去看有一股下砂小水纏繞處只收一邊之水或横開鉗局或倒掛金鈎方是眞止平洋龍之横結多而直結少者亦形勢使然也口議訣曰二水夾出莫當前宜向左邊或右邊神仙倒杖宜横作下手雖空也進田又曰二水夾出莫當中中心水去十分凶翻身作向朝來脈發福綿綿爲坐空二詩前一首申明上文横開鉗局之義穴宜横作後一首申明上文倒掛金鈎

之意穴宜逆托故大水未合而小水合得下關水來纏繞者定有眞止大水合而內無小水纏繞者不得爲止也若逆水之龍其來處原是兩水夾送順行忽而翻身逆朝來水界龍之水流東界穴之水亦流東爲順局若界龍水流東而界穴水流西爲逆局如龍身順行有漕插入爲後托與逆結同雖逆轉處最多不過數節而其內邊小界水與逆轉之龍勢相迎方有眞止如外邊龍勢左旋內邊枝縫水右旋方見內界之合龍右旋者例推如內邊小界水仍隨龍順行必是砂體經云順水直冲而逆迴結穴方知體段之眞逆水直冲而令襟在後斷是虛花之地此之謂也平洋坐空朝滿須得低田低地爲明堂前有明堂後有東氣自有鉗口下砂以證內界小水環繞若合襟穴後內無界穴之水何以成穴即如裹頭水爲凶者亦因內無小水環繞之故小界水亦者即枝縫中水故又名枝縫水

附橫開鉗局圖

附倒金掛鉤圖

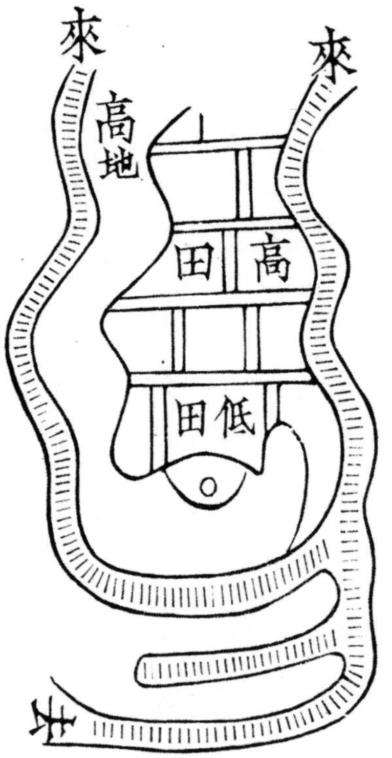

附順龍後托逆結圖

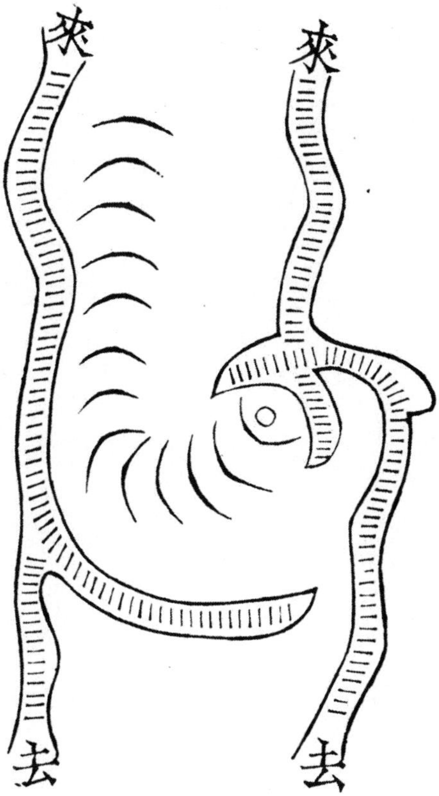

附合襟在後圖

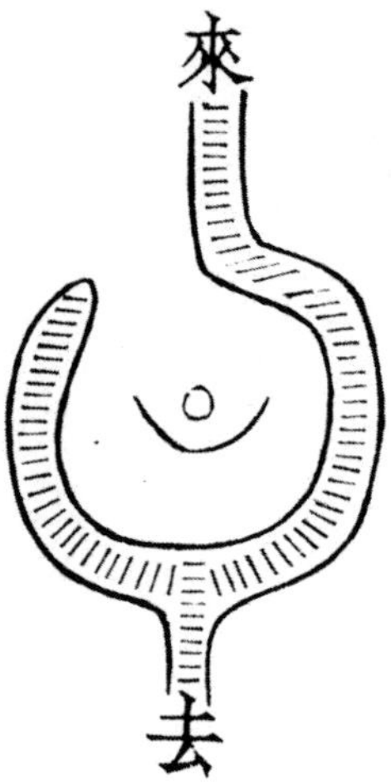

附裏頭水之圖

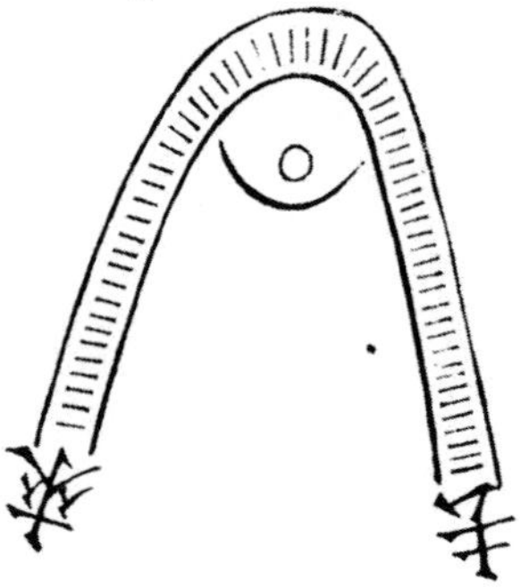

第一圖前冲後漏其凶易見第二三圖以內無界穴小水不吉

附貼穴水會圖

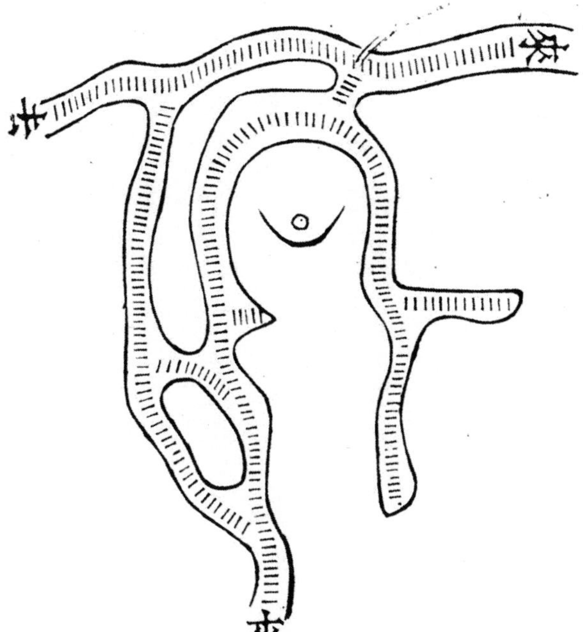

此穴左右有砂後有束氣兩水會合穴前故不作裹頭論

分合

平洋分合之大小眞假何以証之曰不拘江河溪瀆與

龍之枝脚纏護俱夾收在內者是大分合（此分指分龍處合指大合水處）即界龍之水枝脚纏護之內或低田低地或小溝小濱兩邊夾來先分後合以界脈入穴者是小分合（此分指行龍處合指纏護外水合處）即界脈之水入首之處分開枝水使咽喉束細而脉清氣健（此穴後水分）到穴之處逆遶下關使堂局緊收而脉止氣聚（此穴前水合）是眞分合即成龍成穴之水（有眞分合可證龍穴俱眞故曰成龍成穴之水）有大分合無小分合是假龍有小分合無眞分合是假穴故眞分合更不可少（以上言水之分合證龍穴也）平田旁舒兩翼層層湧來俱有向前之勢者亦是分圓唇中間彈出兩角收上如月魄之倒覆轉者亦是合使無層層撲來之勢何以見其龍之分而行若無

倒收之圓唇何以証其氣之止而水之合昔人爲桃花滚浪非眞穴又謂眞氣之止不待臨流而氣巳先収皆指此也以上言砂之分合證龍穴也蓋平田有行龍之象卽有分而無合圓唇有倒收之形卽有合而氣止況圓唇爲穴之餘氣可驗生氣之有無有生氣吉則氣有餘而唇吐無氣則無唇然有圓唇之合又不可無本身兩砂兜抱其唇否則内界何能合内堂何能聚必有大界水扣肋割脚之害故乘脊氣者要鉗口兜其唇有鉗口卽是兩砂兜抱可證貼穴小水分合看水繞者須内界繞其唇有内界分合卽是微砂環抱以砂内必有水與承鉗口兜唇言水外必有砂也承内界繞其唇言故砂水之合圓唇之合缺一不可

三分三合水附圖

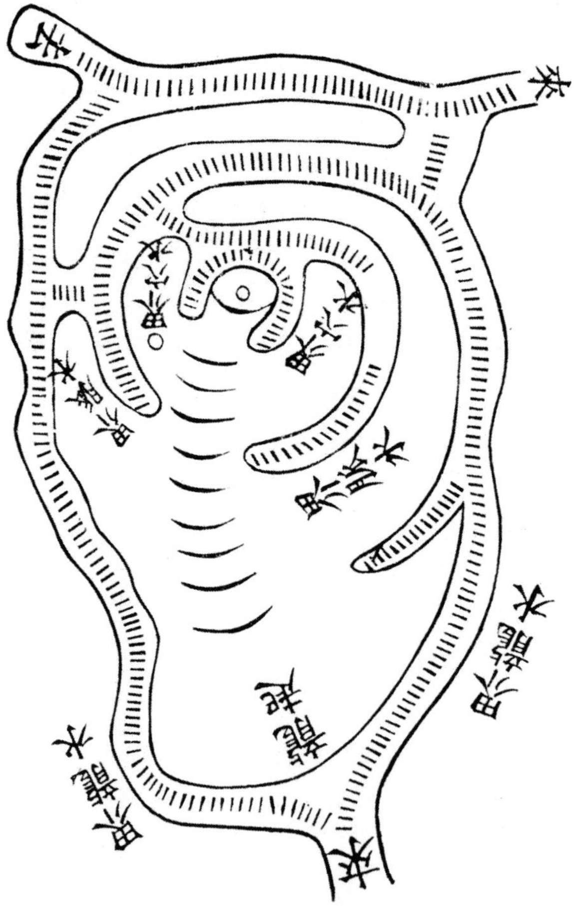

山洋指迷卷四 一 吳氏聚珍版

右圖界龍水兩邊如八字分開是第一分外明堂是第三合卽大分合也界脈水八字分開是第二分中明堂是第二合卽小分合也貼穴小水亦如八字是第三分内明堂是第一合卽眞分合之水賴公曰大地有三分三合水中地二分二合小地惟貼穴一重分合水而已（指界穴小水言）

按平洋順龍順結而有脊脉者宜坐高乘氣而扞當以前圖爲式若順龍横結逆結穴後與左右宜低所以見本身之高且低則有水以證水外有砂環抱其取短漕冲照者亦是此意至穴前雖宜向高但須明堂低聚堂外砂高爲吉若前無明堂不成穴矣

向背

脊脈之龍看砂之向背爲主而水之向背自在其中平薄之龍看水之向背爲主而砂之向背自在其中然砂之向背又在開口之有無眞假見之水之向背又在大水内小水外有無繞抱之砂見之平洋正宗云平洋點穴全在配砂配得砂來便用得水蓋平洋有以低田低地作堂作界者堂界之外必有高起之砂可辯其向背如四面之砂背外背内面而相向者是眞口而氣聚眞口兩砂或長短不齊須下砂長而外背内面前抱脣逆上方是明堂氣聚如下砂逆轉作案上砂只要面前面穴略短無妨上砂順轉作案得下砂逆上攔住上砂不使順竄爲吉兩砂均勻者穴居于中邊長邊短收先到之砂與山龍饒減挨棄法同然逆局不以順砂爲嫌故平洋猶貴認龍認龍之法以水作地看以地作山看更以大界水定來龍小界水看入首放寬眼界細心理會則

順逆自無遁形蓋水所以界龍脈龍身順逆雖水可憑若但以水爲龍不明認龍之法畢竟似是而非古人以眠倒星辰竪起看者即此意也設有一面反背者是假口而氣散砂背水亦反也無口則更無砂可辯其向背而氣亦散此承看砂之向背言大水內有小水界開方有小水交合可辯其水之向背如下手邊之小水左轉來向上手邊之來水右轉來向是水繞而氣聚水繞即是砂抱若下手邊之小水當逆向右邊者而反順行向左而去上手邊之來水當趨向左邊與下手左轉砂水相逆者而反趨右是水不向不繞而氣散大水之內無小水界開而相合則更無水可别其向背而氣亦散矣此承看水之向背言故內無開口之砂小水環繞相向者此外雖有砂水相向總無益也此申明外有大水內無小水環繞之病蓋小水

兩邊環抱方爲開口之證據其一邊小水灣環一邊得低田低地爲界亦是開口若止有一邊小水而直硬者外有砂水相向亦假

附配砂圖

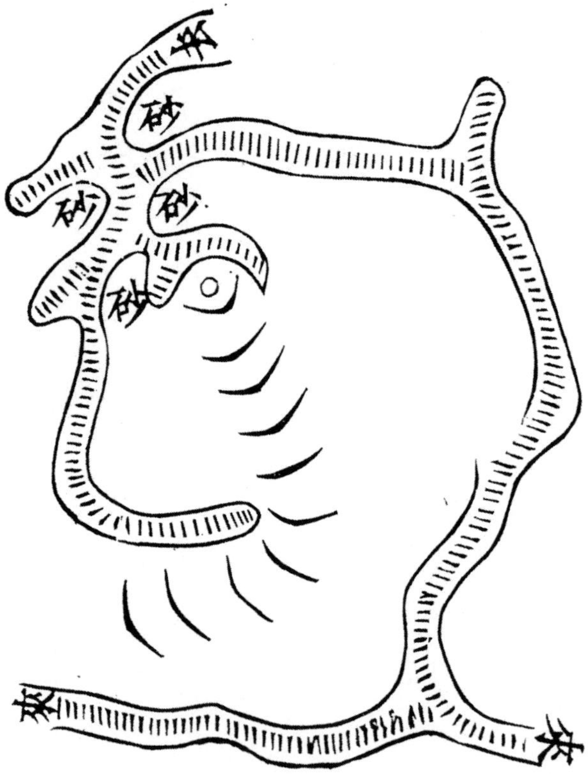

又式

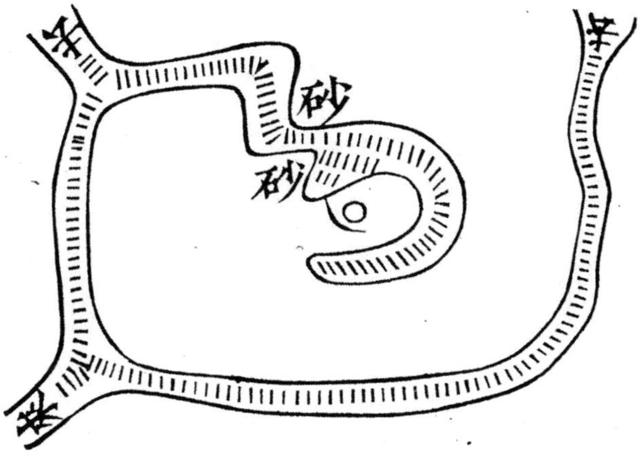

曲淒鈎轉結搆易曉若頂來氣而對圓唇則水城裏頭左右無砂不成穴矣此則開斧撞乘後水灣環前水曲出兩砂交鎖有情吉

斂割

或曰山龍忌斂割平洋亦忌否曰大界水之内無小水

界開與無鉗口之分卽是斂也到頭之處無砂水眞分圓唇之前無砂水眞合卽是割也蓋無分卽斂斂則必割斂于入穴之處水卽冲身斂于兩臂之間水卽割臂斂于穴前水卽割脚故大口之內有小口分合大水之內有小水分合者方無冲割之患大水分合是大口小水分合鉗局分合是小口故大水之內須尋小水大口之內須尋小口此數語包括平洋諸書認穴之法

仰覆

或曰山龍忌覆喜仰平地亦然否曰仰屬陽覆屬陰山龍是陰體當于覆中取仰故突處以平爲貴平洋是陽體宜于仰中取覆故平中以突爲奇然在陰砂開口之

中隱隱如沒牛吹氣盞內浮酥泥中隱鱉者方不患覆脣（即微突扦頂之意）如突大而顯者必須開微薄之面吐平仰之脣（自突大扦坦之意此指在陰砂開口之中而言）與山龍喜仰忌覆同若不在陰砂開口之中又當自開鉗局出唇吐氣方可水鄉之府縣基水漲時衙宇階陂俱沒而正堂水不沒者則至高之處爲正穴低窪之所必無氣脈故平洋圓胖肥仰而高于衆處者爲氣之所聚城市村落皆然此卽平中取突也開口之陽基穴在掌心低處兩邊有高砂作護此卽陰砂開口取微薄之面平仰之唇也

枝榦大小

辯平洋龍枝榦在分水處（此指分龍處而言）與合水之處（此指大合

水處而言兩邊水源俱長大者是幹短小者是枝一邊長大一邊短小者亦是枝水源長大而大合水在數十里或十餘里者是幹水源短小而大合水在數里或一二里者是枝欲知水源短長則以兩邊大界水廣狹定之廣闊者水源長狹小者而水源短長而不廣闊雖幹龍而力薄短而廣闊雖枝龍而力厚至小枝龍或一邊溪水一邊田源水夾送或兩邊俱是小水夾送會合穴前左右此辯枝幹法也大幹大枝窮盡處必不結地惟脫出至小之枝每在盡處融結大幹大枝盡處即大合水交襟之所故不結地若脫出小枝近穴小水以大幹大枝餘雙氣作護者仍有融結枝龍不納幹水幹龍亦以不見大水為佳也若幹龍至將盡處枝龍傍大水邊在腹中腸內

大水小水纏繞之內收納界水而不見大水者力大如局面開闊而向大水者必須小界水即界脈水來路遠內水即界穴水纏繞有情明堂容聚餘氣鋪張前砂攔水穴間只見一線灣環或如鏡圓靜照爲妙如面前直見汪洋定不成地故地在腹中者十有八九在大水邊者十之一二在大水邊而見大水者百中一二惟龍長力大之陽基局勢相當方可直臨大水蓋陽基宜鋪晝即開拓之意不同陰地宜收聚也然亦須小界分開小界分開即是入脈之處束氣明白方眞後有束氣前有眞結有等枝龍之水來源短水者是因低窪而聚爲湖池其閒亦有取裁但不可太近亦不可別無小水纏護恐有蕩胸潑面割脚空亡之患設無小界水分開被大界

水貼身爲割肋貼身者大界水貼脈直行此言穴後無分無內明堂聚氣被橫水扣唇爲割脚無內明堂即是無鉗口㘭唇者水貼唇前此言穴前無合斷不成地池湖曠蕩無近案攔砂穴小水大亦爲空亡若辯平洋之大小去山未遠有脊脈可尋者宜溯其來歷亦以兩邊大界水長短濶狹定之去山甚遠之平薄龍衆水交流無脊脈可見者只以交會水多寡大小出口處闗鎖疏密定之總以帳峽纏護多佔地步廣者地大單砂單水纏護少者地小至于偏全聚散山龍平地相同不必復論

渡刦

或曰龍有遇水而止有渡水而過又有所謂水刦者何

以辯之曰龍未到橫水（如龍脈自西過東大河自南流北故曰橫水）而界水合于田中即因水合而止龍已到橫水而橫水水底無石骨硬土彼岸無分水脊脈則過橫水而止如龍已到橫水邊或將到橫水邊而田間兩邊界水分落河中水底有石骨硬土中淺旁深彼岸有分水脊脈則渡橫水而過故曰龍過千江不過一堂一堂者小界水合于田中也若河中雖有石骨硬土彼岸雖有分水脊脈而彼岸田水不隨龍勢前行反倒流入過龍河中此兩岸龍脚相連非渡水也（如龍脈從西岸穿過橫河渡到東岸東岸田水宜隨龍東行若反流入橫河則兩岸俱是龍脚非渡水之龍）但龍只渡橫流不渡直流如大水自西向東直流兩岸小水俱自南向北或俱自北向南者

龍能渡水大水自西向東龍脈從南岸渡過北岸者兩岸小水俱宜自南向北龍脈從北岸渡過南岸者兩岸小水俱宜自北向南向宜活看若兩岸小水亦自西向東水底即有石骨硬土亦是兩邊龍脚非渡水也龍能渡大江大河不能渡山谷之小溪小澗即溪澗石骨連片或如一塊生成亦是兩邊龍脚相連並非渡水故云平洋有兩江之脉山谷無過渡之龍跌斷過脉處不可例論此節當與前卷論崩洪峽一節条看

或曰有生成橫水以界龍脈有開掘河道以斷龍脈年深月久何以別之曰水倒過一邊合流而去者生成之河也逆龍之水直流而橫河之流可左可右者開成之河也生成者能界龍脈開成者不能界龍脉也生成之河猶能過者渡水之龍也開成之河而龍亦能過者

傷其面而不傷其體也然則開河斷脈亦有害乎曰脈之闊大處無妨狹小處有害離穴數里外者害小在數里內者害大未扦而斷害減巳穴而斷害速所謂水刦者應有脊脉處（去山未遠平洋跌斷過脈處宜有脊脈）而無脊脉左水可過右右水可過左也江河流通與開掘河溝而水過者均不爲刦大水淹沒龍脊而流通者亦不爲刦惟跌斷處無微高脊脉而水可左可右者方謂之刦故跌斷處微微脊脈斷不可少平洋亦有玉湖玉池天池諸峽（詳前卷山龍論峽篇）四時澄清不涸者前途定有吉穴

龍渡水附圖

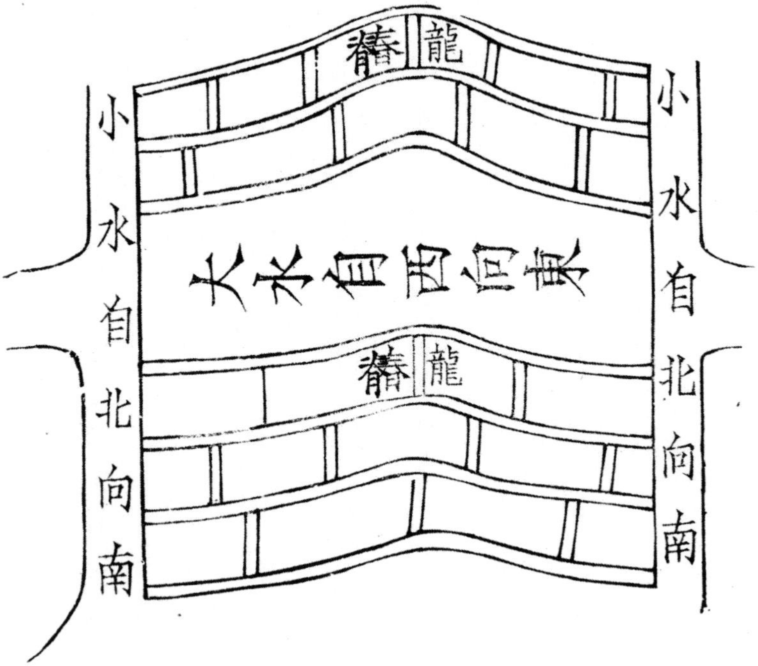

龍脚相連附圖

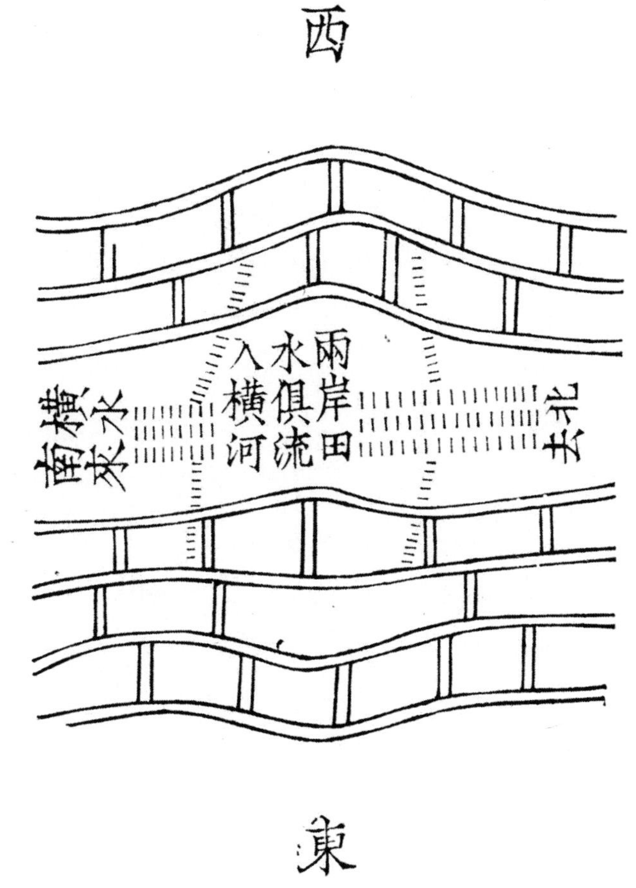

兩邊龍脚附圖

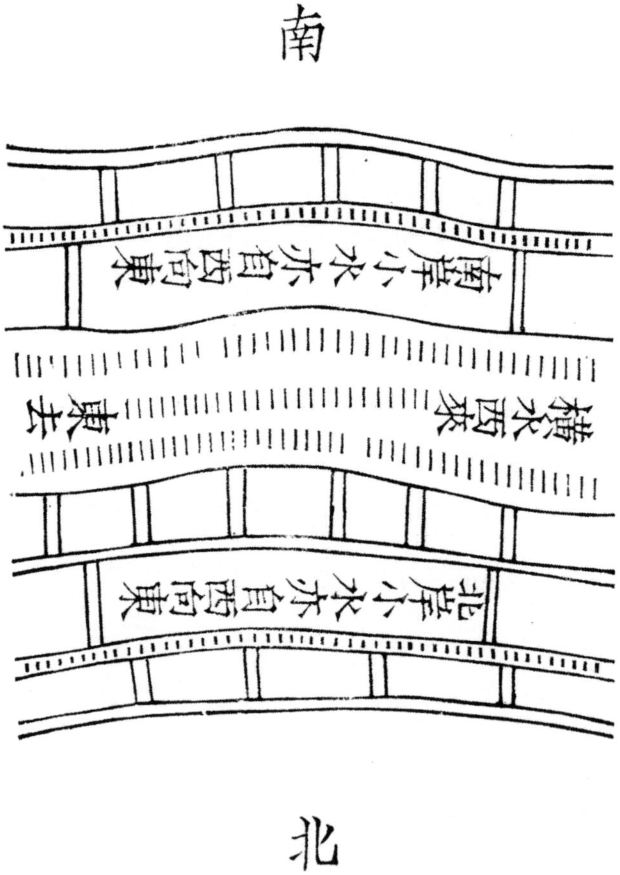

迎龍送龍濱附圖

西

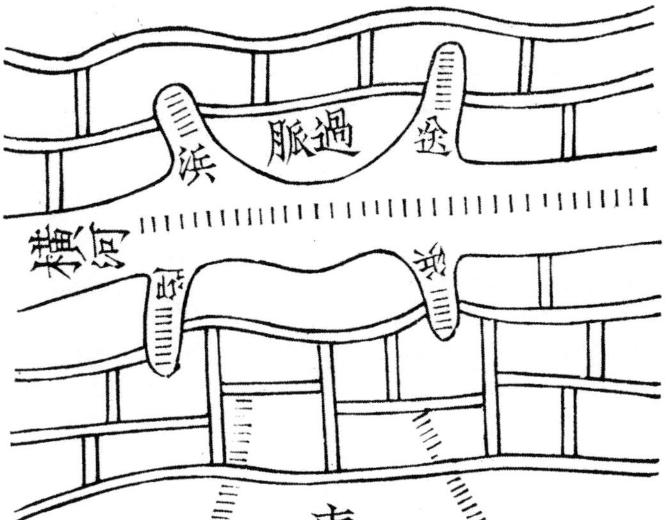

東

西泠印社

古有迎龍送龍濱之説大略與山龍過峽迎送砂相同如龍脉自西岸渡過東岸西岸兩濱水流入横河東岸兩濱雖亦流入河中但其内邊田水隨龍東去此係渡水之峽非龍脚相連

龍體穴形

平洋亦有星辰龍格體勢穴形星辰者平洋之五星九星所謂波浪水滚浪金半月金倒地木曲尺木浮簰木棋盤土柿蒂土鋪毡土磚角土暗火開紅落地金錢是也龍格者三台五腦九腦丁字玊王字玉字玉尺蘆鞭金蛇過水曲水之玄單獨芍藥蒹葭楊柳等格是也體勢者龍蛇魚鼈晒錦鋪茵或如蛛絲之經行瓜籐之延繞鷗鳧

之浮沉藕絲之牽帶田塍層疊如波浪之湧來平洋正宗云廣
坡之中四畔水繞內看田塍動氣有三法一曰橫來形
如初月兩角向下層疊橫來見直塍之所結穴二曰收
來亦如初月兩角向上勢如疊浪至方坡動而將靜處
結穴三曰魚鱗蹙如冰裂紋狀中有高低至開口處結
或結于方正之所培塿紛紜平洋墩阜行龍亦要開眉出面結穴宜開鉗口或旁砂環抱爲吉叙
用之法坐實向虛與山法同如風雨之遞至此皆氣行地中故能湧
起而成形成勢也其自平洋湧起於低田面之高田高
地必原無氣脈如江浙水鄉之平洋湧起于水面上之平
田平地得尺許高田高地卽氣脈也然氣每在細小處
見之若一片散濶雖有高田高地無益故入首貴乎束
氣此論體勢來脈平論入首入首有高平二體其與來脈相等者爲
平得內界分明貼身砂頭雖不湧起而本身是特高之

阜亦爲眞結此陽來陰受之體雖貼身無顯明之砂既得內界分明自有陰砂環抱不然雖有來勢而無特起星辰又無貼身界合玉尺經云一片頑皮將奚取証入首比來脉處高數尺數寸爲高亦須貼身界合分明陰砂包裹此陰來陽受之體有陰砂環抱方有貼身界合不然非他山之用神即星散之墩阜雪心賦曰滚浪桃花隨風柳絮多是無蒂無根未必有形有氣此之謂也蓋地形有高低砂水有偏勝脊脈高起之處砂顯而水隱故論砂之開口在微茫之界合承入首比來脈高起一段言脊脉隱伏之處水顯而砂隱故水之纏繞于平薄而開口之形自在其中承入首與來脈相等一段言以下論龍穴形體取開口之形者以砂爲主以水爲客砂勝者開口之形多如蜈蚣蝦蟹諸形

不下數十水勝者開口之形少如出水蓮花泊岸浮簰逆水砂洲三者可以盡之然開口之象有四焉如旁分兩股爲砂中含低田低地爲堂者是太陽作蜈蚣蝦蟹金盆釣鈎玉帶虹腰新月合角等形皆太陽之象也陰開裹陽爲太陽旁分兩砂中出一脉兩邊界水之外有鉗口者是太陰中有出脈兩邊小水界脈而下鉗砂在外界水在內故曰界水之外有鉗口作落花浮水烏鴉伏地丹鳳啣書黃蛇出洞仙蝦翹首龜鼈露氣背結網蜘蛛匣中寶劍詩諸形皆太陰之象也陽開裹陰爲太陰鉗口內龍脈微高而牽連者皆是太陽開口闊大起微突于中心者是少陰作盞內浮酥金盆獻果匣內藏桃釜中煮蛋龜蟹浮沉仙蝦窺珠等形皆少陰之象也太陽開口濶大中間起突者爲少陰即大

塊坦瑰平里較四面微高者亦是太陰形體豐厚開微窩于當中者是少陽作雞心口螺靨口仰掌鷄窩皆少陽之象也太陰開窩微薄恆爲少陽凡突大而顯者開微薄之面吐平仰之唇俱是推而廣之出水蓮花泊岸浮簰是太陰之體逆水砂洲是少陰之體古人論形因其似穴之口而取之今人論形忘其取形之意則失之遠矣以下因開口而論唇因唇口而論堂砂穴形眞僞皆于此辯開口者無形亦眞不開口者有形亦假總以砂之鉗局作水之纏繞以水之纏繞作砂之鉗局有纏繞之水即有鉗局之砂均爲有口理歸于一也有口更須論唇陽口無唇是空口純陽散漫陰口無唇是死面純陰裏煞有唇還須論砂無兩砂兜抱其唇則明堂不成界水不合無明堂則貼穴小水不能會合有砂然後成堂兩砂環抱之處

卽是明堂有堂然後成口有口不可無唇故唇口堂砂不論何形皆不可少但直開之口易曉橫開倒開側開之口難明有出脈而開陰口者易曉無出脈而開陽口者難明當何以辯之以下論陽口脈直來而直結如蜈蚣蟹鉗之口者爲直口脈直來而橫結以來去之身兩邊相揜爲龍虎如虹腰牛軛之橫灣如玉帶瓜籐之顆節者爲橫口脈直來而側結亦以來去之身兩邊相揜爲龍虎如新月梢之微窩處如側掌之食指節處者爲側口脈直來而倒結以鈎轉之勢爲龍虎如釣鈎金鈎鈎刀之口者爲倒口山之勾轉者非後有眞背不可平地之勾轉者只要後有微頂前有薄唇明堂背後拖出無妨山龍橫開

倒開側開之口後無鬼樂必須真背辭出平洋穴後拖出者亦作鬼論但面來轉向者佳故點穴之法以下論穴法不論何口只要看其唇之圓處堂之聚處爲主陽口左旋者氣必略偏右右旋者氣必略偏左陰口亦然此槩論陰開惪陽陽開裏陰之口以下分論四象葬法太陽之口唇氣內含承胎而葬胎即毬詳註乳突窩鉗篇少陽之口唇吐口外穴在窩下太陽唇氣短縮故宜承胎少陽唇氣外吐故宜扦窩太陰之口吐氣爲主薄處甚親厚多取薄少陰之口一突爲奇徵頂可蓋平中微浮可作蓋穴若突大宜扦頂前微曆處若平地之穴唇吐口外者不論口之大小居中氣聚此即少陽之口宜扦窩之中者以唇吐而脈隱也金盆無口亦然此即少陰之體宜扦突之中者以氣聚而脈旺也紫囊書云金盆平倨在在有之四圍高而水無出處四時澄清不涸者吉開鑿夫踪不可以四象定者後以束氣爲証前以明堂

聚處爲憑而消息之庶乎其不差矣

附四象圖并說

太陽穴法

少陰穴法

太陰穴法

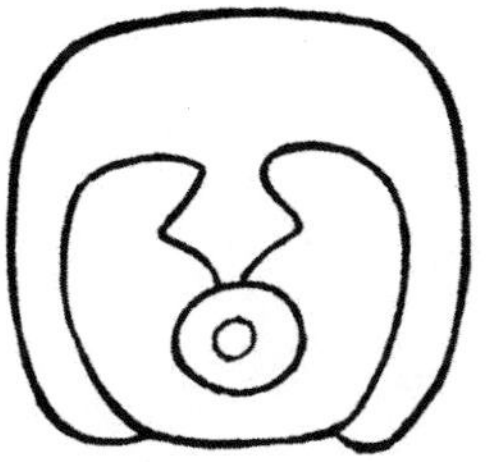

少陽穴法

右圖山洋略同可以叅看蓋山龍平地雖屬兩途而陰陽相濟歸于一致如太陽之象陽之極也陽多取陰扦頂前微覆處與山龍横開鉗口無出脉垂下横担貼脊而扦者相同太陰之象陰之極也陰多取陽宜親薄口與山龍兩邊龍虎㘘抱中垂乳突之形在簷下平處扦葬者亦相同太陽變少陰是陽動而生陰即山龍無顯脉之深大窩鉗宜認陽脉而扦于水平臍結之處太陰變少陽乃陰動而生陽即山龍乳突開口唇氣外鋪宜扦窩下之穴（口穴法）法口（法）有四象形變多般一陽三反總不外平（乎）陽來陰受陰來陽受陽多求陰陰多求陽之理平洋如此山龍亦然

附拱來圖

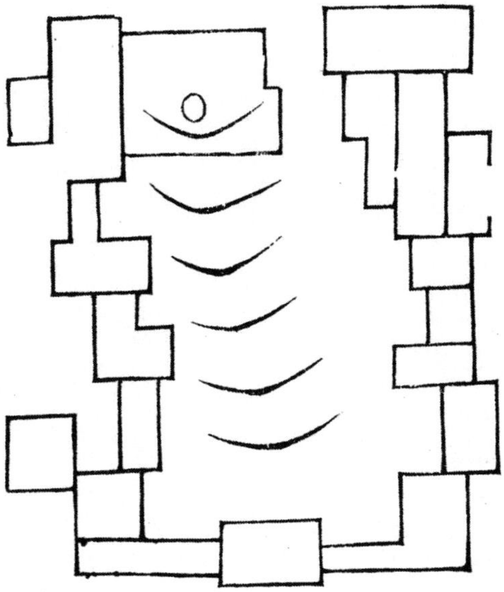

附收來圖

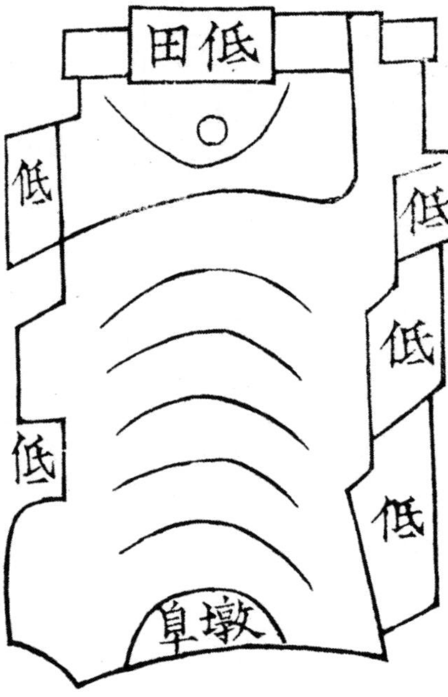

附魚鱗蹙之圖

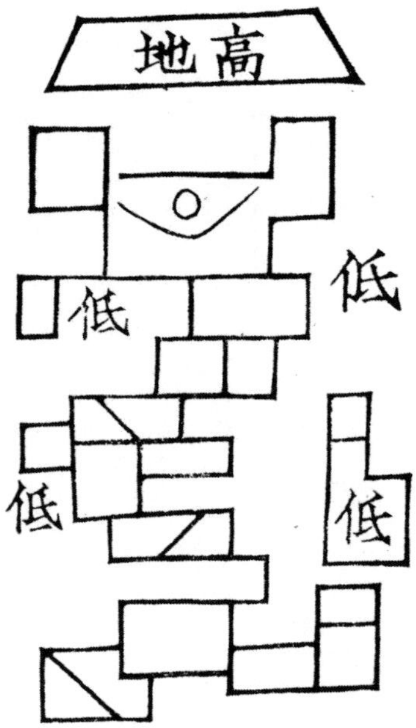

脊脈水繞

平洋方域不同形體亦異不先辨明法無所施今約爲二（卽乘脊脈看水繞二法）以概其餘陝汴齊魯之平洋得西北地土高厚之氣與各方去山未遠之平洋得山脈未盡變之氣故以低田爲壇埰而龍脉行于其上如底藤之蔓延以高田高地爲龍爲砂低田低地爲堂爲界穴後兩邊低田低地如八字頭之插入據爲東氣亦有以水濱爲內界來氣者（近穴界入脈之水故曰內界）必有界龍之水在纏護砂水之外（界龍水在界入脈水之外後故在綱護砂水之外）此平洋尚帶岡阜之體廖公所謂平洋乘脊氣是也（此節論云山未遠平洋以脊脈證行龍）江浙水鄉平洋東南地勢卑薄去山甚遠岡體盡無者故

以水爲壇埰而龍脉行于其上如簰浮水面其平田平地即爲龍爲砂小河小濱爲纏爲界穴後兩邊小濱如八字頭之挿入爲束氣亦有以低田爲内界束氣者界龍之水在纏護砂水之外此平洋脊脉隱伏難尋楊公所謂平洋有水繞是也此節論去山已遠平洋以水繞證龍脈應有脊脈處此指去山未遠宜乘脊脈而言吉而無尺寸之脊脈必無鉗口明堂雖有砂水勿爲所惑不能起脊脈處此指去山已遠水繞平薄而言而能有咫寸之脊脉即高一寸爲山再得水纏更爲有據乘脊氣者非不必以水繞証鉗局而可憑不獨水繞因體以見用也脊脈爲體水繞爲用看水繞者非不必求脊脉于平薄而可憑不惟脊脉因用以推體也此節論乘脊脈者以鉗局證水繞看水繞

者曰水繞証脊脈以下二節論穴謂之乘者乘于陰開裏陽陽開裏陰之口中也陰開裏陽者後以脊脈盡處爲頂脊脈盡處必然微[illegible]故能見頂旁分兩股爲砂前吐薄口爲唇中含低田低地爲堂穴水不分兩邊但團聚于口內爲雌雄內結如蜈蚣之鉗即所謂叉口禾鍬口也陽開裏陰者旁分兩砂中出一股以脊脈微高爲頂以薄唇吐出爲面兩旁有微分水痕水外者微高鉗局界水在內鉗局在外其水自穴旁分開而合于唇下爲雌雄外結雌雄內結外結註詳乳突窩鉗篇如蓮花之心即所謂三叉口合角口也然亦有太少之象焉前篇四象兼論龍穴此惟論穴開口之象陰開裏陽是太陽其開口濶大中起微突者是少陰陽開裏陰是太陰其脈體豐厚中開微窩

者是少陽註詳龍體穴形篇如與穴情方爲的確明堂方眞有眞見方有明堂不然雖有脊脉何爲此節論乘脊脈者以鉗口形象證穴若但有脊脈而無鉗口相軟綿亦謂之繞者大水之內要小水迴環下砂之外要活水環繞也蓋大水衆所共依小水穴所獨受小濱界開龍砂之水活水界且龍脈之水故大水內有小水纏繞氣水界而穴方眞下砂外有活水陽朝龍方止而局方緊然亦有雌雄之媾焉龍水之合左旋龍其性情必趨向右須右旋水性情趨向左者配之與本身下關砂水相逆共繞下砂外會大合水而去界水龍右旋龍其性情必趨向左須左旋水性情趨向右者配之與本身下關砂水相逆共繞下砂外會大合水而去如是相媾方謂

之繞不然水倒龍去如龍右旋水亦右旋是也爲不媾不繞雖有水合河爲此節論水繞者以龍水配合證穴若但有小水之合而龍水不交者終假有等去山未遠河多闊漾渡水亦多脊脉在尺寸之間其内界多是小濵者得爾小濵左右環抱界成龍虎濵頭揷入據爲束氣龍左旋者自然右濵纏過元武龍右旋者自然左濵纏過元武方無流水冲頂之患此是濵底纏過元武水會穴前井水往穴後流去也外面又有活水朝繞如出水蓮花形者不必本身有開口鉗局自有眞結然脊脉微高斷不可少此節論近山平洋有水繞者不可無脊脈有等去山甚遠多高田高地渡水亦有脊脈可見其内界多是低田低地者得低田低地爲束氣爲明堂高田高地爲攔砂爲鉗局投者不必本身有明

水纏繞亦成美地（到頭一節以開田低地爲束氣即有界入穴之水宜前有攔砂鉗口可證）（小水會合故必明水纏繞）不然大水會合亦宜不可無（大水指界龍穴言穴內無明水故須大水會合以證龍此宜節論山遠平洋雖有脊脈而無明水纏繞者不可無大水會合）夫平洋不可不開口而水鄉獨不然藏或曰大界內有小界界開大水內有小水纏繞則大水之內有砂有可知其形如出水蓮花者與陽開裏陰之口何別（即太陰之體）然則泊岸浮簰與逆水沙洲二格亦有纏繞之口歟曰二者皆在四水交會之內（界脈水兩邊分來界穴水亦兩邊分來均至穴前左右會合故曰四水交會）泊岸浮簰大水繞下砂龍脈牽連不斷逆水砂洲大水纏元武（水繞穴後仍于穴前會合）龍脈渡水而來自有纏護圩田與廻轉有餘枝皆透入水中而星列于四面界脈之水必在

纏護圩田與廻轉餘枝之外界穴之水必在纏護圩田
與廻轉餘枝之內外內諸皆穴之意言界脈水在纏護砂之辨如界穴水在纏護砂之內面
也其中名各自有條非無分別試詆于水漲時散粗糠于上
流其內外分合之形自見此緣緣穴形形須遠着足力細田理會不然穴星
何以見其中尊自主而四面隔紙水圩田如魚如禽如井
田者又何以見其外皆背內面面相向有情流水不能不冲
其身耶惟水繞可證其砂繞砂以繞則水不冲穴而見其
中尊自主也于此推之泊岸浮用簰是太陰之體其隔水
纏護圩田如井田之形者與中出之脉旁分兩砂之鉗
局何殊逆水砂洲是少陰之體其四面纏護圩田如禽
魚之形者與太陽開口濶大中起做突之鉗局何殊但

太陰少陰之口砂膀者盡連地面頭露于堂界之內此二者則在四水交會處內外看之証其鉗局爲少異耳故曰平洋不開口神仙難下手平地水鄉其理一也此節論水鄉開口申明水繞即有鉗局之意乘脊脈者卽枕毬簷之意亦卽陽來陰受陰來陽受之意得有眞口穴情方的以開口爲主脊脈爲客也看水繞者卽先看下臂之意亦卽論龍虎之意故曰無龍要水繞左畔無虎要水繞右邊山之龍虎乃取開口之形平洋水繞證鉗局亦取開口之形以開口爲主水繞爲客也故不論高山平地總以開口爲貴但其口有高低隱顯大小陰陽之不同此篇大旨乘脊脈若不可無水繞看水繞者不可無脊脈而乘脊脈不宜孤陰純陽受有水看水繞終須大水小水之相接以見陰

陽相濟方成配偶更以鉗局證水繞水繞証鉗局發明開口之義殊爲鉗鮮

出水蓮花之圖

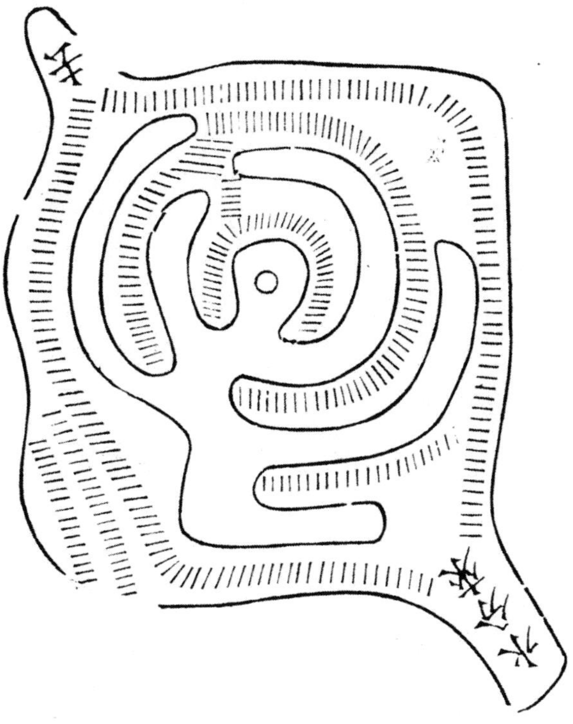

泊岸浮簰圖

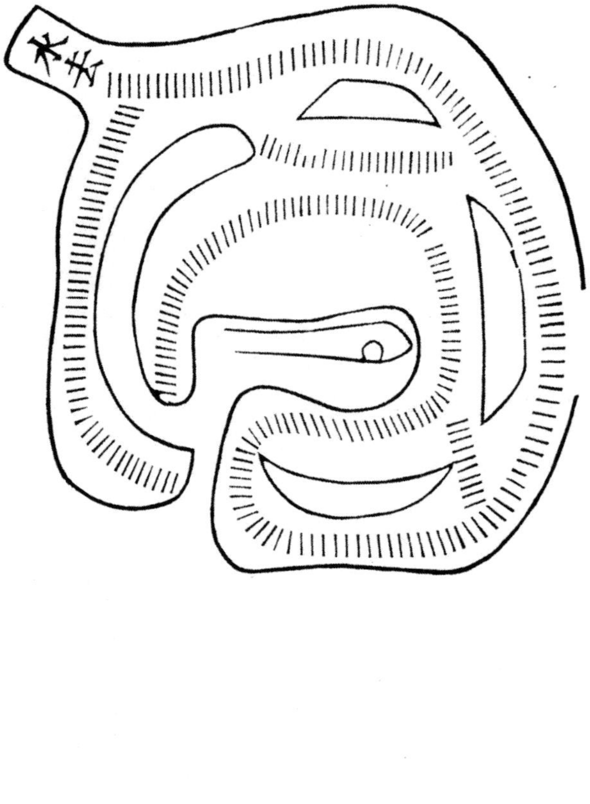

逆水砂洲圖

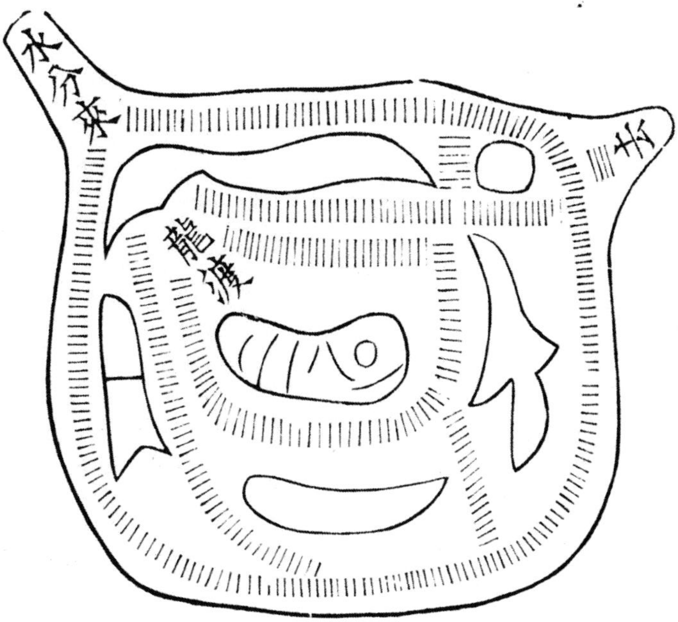

平田低田

或曰去山巳遠之平洋無脊脈之平田亦可用水繞之

法否曰江浙水鄉非無脊脉但地勢卑薄穿渡復多脊脉低伏而不見故看水繞以証脊脈所以無論低田湖鄉凡大勢皆低者內有微高之處即爲龍脊只要收放向背分明鉗口唇堂可證不以有水浸沒而棄之楊公曰水退即同乾地力是也若去山未遠之平地平田原有脊脉可尋其閒若無脊脈必是無龍虛假之地縱有水繞悞扦必敗

水穴

眞龍入水山近者有石骨山遠者有土脊或見于水面如鷗鳬之溶波或潛形水底如魚鱉之隱藏浮于洲者易扦沉于水者難察果後龍眞的水中有石骨硬土自

有結作或水乾露其形體水淺鉗口隱見與乾地龍脈穴情相同西可培客土成洲仍掘至原處見原土而止擱棺乾土之上掩土作堆經云捉月廖公水底穴名雖云在水中還要土來封然其水溫煖者眞故古有水底穴之說加無錫華氏鵜肫蕩祖坟是其格也第非法眼不能辯此稍有差池貽悞非淺

火嘴

楊公曰高山落平地若有火嘴看尖之盡處又開鍹鉗口爲暗火開紅所謂火放灰中紅影生也如尖嘴不開鉗口爲死火帶煞不可扦葬此言不解者多子予見倒地火嘴陰砂繞抱時師理葬尖生嘴坐下退田筆立時禍敗後移至兩火尖义中竟致絕滅又有悞會落不落看尖角

之語頂火尖而葬禍不旋踵殊不知暗火開紅者非火尖上下可以立穴蓋火炎上則燭照光明星峰似此多主文秀因其本體成脚尖射無情故只堪作祖而無融結平地火嘴亦只可作後龍須看火嘴之前隔數畝田地有高田高地湧起平中一突得土星更妙側臥是唇兩邊砂抱平中之突四面皆低全憑兩砂爲穴證此殆如少陰之口突大而微壯薄唇穴前可容側臥如小明堂處即火嘴也或尖盡處分開鉗口而成陽窩出唇吐氣此即少陽之口大全云大山墩落平坡氣聚尖頭者要尖處起突復開鉗口外有包砂方可有眞正明堂者方爲暗火開紅若不明此愼毋下穴

沿海

沿海新漲沙地雖坍漲不常然民間居葬于此未嘗不

發富貴人丁當作三項論之其一漲起之地如有行龍脊勢分合情形者此因水底原有龍脈故漲起卽有氣以鎔成居葬其上自可發福其二砂環水繞俱在人功氣聚風藏亦由造作與攢基一般雖無龍脈受鎔成之氣亦能發福但不久長其三新漲海灘種植者開河洩水取土培基或從無情處脩改雖無龍虎亦有界水雖無生氣自得水神之生氣有水即有氣亦可安其土而食其毛崇明甯紹海濱有富貴者類多如此

山洋異同

高山之法可通于平地旣曉高山平洋不難果盡同乎曰有同者有異者有大同小異者蓋山洋俱有祖宗枝

幹帳峽纏護行龍俱有兩水夾送結穴俱有圓唇界合龍虎明堂下砂水口向背聚散此則同也高山見火嘴則氣絕而不行山龍跌斷而尖利者爲死龍爲煞故曰氣絕不行平地見火嘴則龍行而穴近平地火嘴有束氣之形行龍束氣細小則穴近平洋有脊脈者可證其來歷若無情處惟有火尖之體不以此論高山患純陰包煞平洋患純陽散漫此指無陰陽變化者言高山以砂勢分合尋龍得砂勢包收雖水不交會斬腰截氣亦可葬也山龍行度處得砂勢包收自有界合故不必明水交會亦可斬腰截氣而扦平洋以水勢分合尋龍非四水交會詳水繞脊脈篇雖砂勢兜收風翼遊鱗難以作穴四水不交則氣何能聚雖兩邊分砂如鳥之展翼魚之開翅此送龍砂體無此結真情此平地與高山之異也此節言山洋行龍之異高山以起伏爲勢而收放亦顯平地以收放爲

勢而起伏甚微高山起伏虛設處多平洋收放虛設處少高山節節分枝結咽而不成穴者十之六七平地或數里或里許分枝結咽而成穴者十有六七〔高山起伏多故分枝結咽亦多結地少者紗勢環聚處少也平洋收放少故分枝結咽亦少結穴多者平洋有東氣即有眞結也此言山洋分枝束因結穴之不同〕高山陰多故取陽坦爲穴然傳變純陽又當散中求聚而取突平地陽多故取平中一突然傳變純陰又當以陰取陽而尋窩〔此論陰陽形體〕高山性剛濟之以柔故曰壠葬其麓傳變爲柔又當濟之以剛葬巔之法可用平地性柔濟之以剛故曰支葬其巔傳變爲急又當濟之以緩葬麓之法可施〔此論剛柔變通〕高山承脈就胎而趦平地有脊脉者亦宜坐高承氣平地穴居中則氣

聚（此指平地之窩唇吐口外及金盆形之穴法言詳見龍體穴形篇）高山穴形俯者亦宜居中（山形俯者穴在低處居中者臍靨之中此言乘氣）高山以薄爲生變爲純陽又以厚爲生平地以厚爲生變爲純陰則以薄爲生（此言棄取統節論山洋穴法異同）高山忌風吹平洋無貼身分合（即是不開口）亦忌風吹平洋嫌水劫（詳渡劫篇）高山跌斷處無痕影分水亦嫌水劫高山喜迴龍逆結下砂緊抱水纏元武者可取平洋喜水纏元武而貼穴無小水纏繞見水之去者則忌（山龍逆結下砂緊抱大水在下砂外纏元武而去其貼身自有界穴之水入首處必有束氣界脈乾流平洋逆結亦然若大水即在穴旁纏元武而去者內無界穴小水後無束氣但不成地故坐低田低地與池濱者穴後小水均宜繞至穴前左右會合而去方合坐空之法）高山穴前水聚天心者貴平洋向低水聚天心而有重砂包裹者亦貴（平洋）

忌向低者穴前水不聚也得水水聚天心更有重砂包裹最吉此言山洋分合水及水纏穴後水聚穴前異同

高山以動爲生平地以圓爲活山靜宜動凡小來忽大曲來忽直直來忽轉面平來忽吐唇峻來忽平坦連來忽圓靜皆天然生動之氣圓者動之機活者氣之見穴前之唇穴旁之腮頰穴外之砂皆有圓轉之情亦是生氣山洋皆然至平洋穴或坐水或扳水或倚于左右均宜親砂水圓活之處

高山傍砂點穴平洋依水尋龍此就山洋顯見者言然平洋立穴未嘗不認砂高山尋龍未嘗不依水也此高山平地同中有異異中有同也以上四節統論山洋龍穴異同

山洋指迷卷四終

跋

地理書首推楊曾廖賴但文辭深邃每求解人不得周師撰指迷書四卷前賢秘旨藉以發明洵爲楊曾廖賴諸書闡註俞子歸璞叔氏卿瞻以是書相傳年遠鈔錄舛訛取舊藏原本增註刊行不啻元珠在握寶鏡重光有裨於究心斯道者意良厚吾郡鍾式林先生云地非無行之人所能指亦非無行之人所能得予願讀是書者潛心揣摩自可登楊曾廖賴之堂更以忠孝廉節存心無負周師傳書意眠牛白鶴古人蓋確有可証焉

乾隆丁未臘月山陰吳太占跋

吳氏聚珍版

錄沈紹勳堪輿諸書偽正攷一則

山洋指迷四卷

明周景一撰景一臨海人元末佐張士誠襄贊軍事士誠敗避居紹興客山陰州山吳氏爲吳氏卜葬多吉壤郡人聞其名爭相羅致凡越中古墓其碑碣有勒守宮形者皆景一所下紹勳嘗至其地相景一卜葬之墓悉中形法家言所著山洋指迷四卷言山形者三卷平洋一卷條理分明一掃繁碎之病足爲形法諸書之南針取名指迷洵不誣也景一又有尋龍歌未梓行鈔本頗多類皆舛譌百出同邑丁氏嘉惠堂亦有此本似較他本爲善附錄卷末

錄周景一先生尋龍歌

萬山中有最高峯此是龍家大祖宗直從巔頂細察之或榦或枝分正從正龍當心陽出脈從分兩翼分排列劈脈分枝逐節尋前去精神看過峽龍起大頂聳明肩肩下最宜生蟬翼蟬翼不生脉不明脉即行時亦硬直心腰中出陽生脈前去定結真奇穴此砂貫頂飽面陰死出只作應樂羅城列脈盡穴旁生落脈無此界穿肋遠尋祖宗近入首入首入手仔細搜龍辯吉凶定貴賤皆由于此無差謬所以龍重到頭山頂上星辰體要端星辰無面不垂頭有面仍同菩薩觀化生腦下尋微肩頭不垂分頂必蹋頭垂不塌看矬平平來還亂知的端有似孩兒

顛(顱)門樣穴成窩突憑呼吸陰陽生死在微茫從此尋
峙(時)端可識古言穴如瓜在籐大龍盡處防氣絶眞龍
多是落半腰逐節還尋偷閃出大山之下再起峯此
是少祖龍頓跌那邊閘面那邊眞否則非龍成砂脊
閃龍亦有不起頂偷落旁肩難推識八字雖無面自(目)
開莫作餘枝輕拋搬(撇)旁結之小帳面多不是掛支即
分結凡是正龍頂背圓從出朝人主端立亦有正龍
出脈偏貼身侍衛何曾缺從龍出正性情偏不暇自
主情非一果是正龍眞氣到自然四應俱周密走偏藏隱
開小堂何必堂堂對大洋搜奇搜出眞精髓奇文卻是正文章一法惟憑應與堂得
局尋龍亦有方水曰(從)龍行千萬里龍止水界炁自藏

更有尋龍看盤旋我亦時常聞其說大勢左轉從右尋大勢右轉向左覔看盡龍神變最多五星九曜難細述正必端嚴變必斜龍到結穴同一律最怕前人開鑿來頓使眞龍先天失設總須細看憑趕裡裏悞甚多因循外跡莫道尋龍便不難穴上情形龍上看龍無全護結單提左右由來總一般立穴雖然名色多乳突窩鉗法裏全雙臂還似偏窩像懸乳懸胆皆突變倒氣乘掌大指根垂珠瓦角下絲牽窩大無突依實法窩深無突去尋肱弦淺窄窩形如何取乘氣惟從正折安窩中突大再尋窩如無窩時褥上粘來脉化硬實脫平微微隱突下于簷側突脉斜正受正突脉

直閃側間一突一窩盡萬變弦面分明妙法傳莫認
遊胲與虛窩無脉窩突別樣看龍之眞者脉自露穴
之眞者氣自現所以先要識龍精識得龍精穴易點
識穴又當識葬法蓋粘倚撞順逆安撞是正安穴倚是
偏粘如地穴蓋如天要識順逆橫直倒十二倒杖法
最玄葬到成形穴更明顧子龜形眼裏存聽蛤黃蛇
情在耳汲水牛馬鼻內針飛鳳飛鵞情兩翼眠牛眠
犬腹內眞飛天蜈蚣鉗內藏嘯天龍形口中認更有
妙訣少人知穴眞自然應樂眞第一點穴看圓唇正
圓側圓那邊親假唇圓時從邊出圓處深藏情始眞
第二看穴看明堂不論正側與圓方但看交水分眞

假親正親偏兩法當第三看穴証砂水更從砂水分
向背無砂無水如何取分盡之處肌理開第四點穴
看官鬼橫斜脉到兩般看前唇後枕能區別一任奇
形亦不難乳突穴全憑蟬翼窩鉗穴看牛角砂砂分
照應穴之據砂成龍虎穴之甫(傭)砂成帳角穴之勢砂
生枝脚穴之護龍無迎送龍不來穴無迎送穴恐露
或爲纒護與羅城四應均平日月尊天狐(狐)天角(角)排左
右天乙太乙兩邊存金魚袋似腰間掛排衙唱喏多
稟承駕龍駕虎要回頭拭淚走竄此中看砂法惟(性)情
非一端得力全在下手山下手山如勒馬形逆轉能
將氣局關莫道順龍無下砂只將對面作(關)關順水

之砂曰退神進神砂從水逆轉案山一灣掩百病最
忌臃腫與懶頑是砂亦要形入相成星開面喜相扳
金星旁列多富武土星夾耳亦同詳儲錢峰似饅頭
樣狀元筆從參天起用貴須知主更崇主不尊兮吉
化凶木如爍火貴亦災金似孤罡富後窮更嫌太純
無化氣委靡不振少和同如能相間復相生將相公
侯砂法中龍穴眞時砂是眞吉凶還須看水神之玄
多吉直蕩凶古仙有訣亦諄諄色亦可觀味可嚐最
喜澄清旨與香若是臭苦恐非吉污濁黑暗亦欠良
此法精微眞奇妙世術茫然何不曉但云大水要洋
潮誰知仰蕩禍非小是故水法受凝聚不論細流并

潦倒凝聚無砂水亦收流蕩愈大愈不妙局順順龍眞
貴亦貧水大地窄富多夭順流之凶人共知大朝之
禍人知少古法暗拱與明朝水大番身法術妙此號
退藏傳秘術更避割避冲人莫曉朝拱冲割實難容禍
福機關反掌中眞龍自有眞水應不喜洋朝反爲貴
得水眞龍結眞穴全憑血脈廕眞胎流神不協事如
何高山眞龍結眞窠平洋萬水朝東去先後兩天法
最宏局法當立兼水法半由天成半人功